生命保険企業の
グローバル経営戦略

―欧米系有力企業のアジア事業展開を中心として―

平賀 富一

［著］

文眞堂

はじめに

　本書は，近年，加速しているサービス業の国際展開に関し，生命保険業を対象として，主要なアジア市場で大きな存在感と影響力を有する欧米系3社の事例を中心に考察を行ったものである。本邦企業においては，製造業と共にサービス企業のアジア新興国等海外市場への進出が増加傾向にあり，サービス業として分類される生命保険・損害保険を含めた金融・保険業においても，相当数の日本企業が海外市場への進出を行っている。それらの中には，経営の現地化が進行している事例も見られるようになっているが，これまでのところ，進出した各市場でリーディングカンパニーとしての主要なポジションを占め市場に大きな影響力を与えると言った顕著な成功事例はない。他方，本書で取り上げた欧米系の3つの生命保険会社は，経済発展とともに急速な拡大・発展を遂げつつあるアジア地域の主要な生命保険市場の多くで首位ないし主導的な地位を占め，大きな利益の獲得を実現している。

　第1章では，本書における研究の問題意識と目的，その研究対象と分析に使用するフレームワークについて述べる。第2章では，アジア生命保険市場の動向とその中における外資企業の地位やプレゼンスを論ずる。第3章では，アジア生命保険市場で大きな影響力を有する有力外資企業の事例として3社を取り上げ，経営の特徴等につき詳述する。第4章では，生命保険業および製造業・サービス業について本研究に関連する先行研究をレビューする。第5章では，上記を踏まえて，生命保険企業の国際化に関し，国際ビジネス理論および経営戦略論の視点から考察し理論化を試みる。そして，最後のパートで，本邦生保企業を含めたアジアの生保企業の国際展開について言及する。

　本書における問題意識，考察や見解の表明等は，著者が所属・関係する機

関等とは一切関わりなくもとより著者一人の責任であるが，その構想・執筆・刊行に当たっては，学界・実業界等の様々な方々のご指導・ご教示の賜物であり皆様に感謝を申し上げる。第一に，本書のベースとなった横浜国立大学博士課程後期における博士学位論文のご指導をいただいた同大学の山倉健嗣先生の学恩に深甚なる感謝を申し上げる。また，同先生と共に論文審査に携わり貴重なご指摘やご示唆を頂戴した曺斗燮先生，谷地弘安先生，故茂垣広志先生に御礼を述べたい。大学学部のゼミナール，大学院修士課程以来長年にわたり親しくご指導をいただいた故岡本康雄先生（2015 年 8 月ご逝去）には，経営学研究の面白さと奥深さをご教示いただいたことがビジネスマンとしての生活を続けながら研究を両立する大きなモチベーションになった旨深謝申し上げる。さらに学会発表の機会を含め数多くのご指導や知的刺激をいただいている所属各学会や研究会の先生方，特に江夏健一先生，榊原清則先生，安室憲一先生，桑名義晴先生，藤澤武史先生，白木三秀先生，大石芳裕先生，周佐喜和先生をはじめ国際ビジネス研究学会の諸先生方に感謝の意を表する次第である。社会人として各職場を共にした諸先輩・同僚の皆様，特に現職場（ニッセイ基礎研究所）の各位には様々なご指導やご配慮・支援をいただき御礼申し上げる。

　本書の出版に際して文眞堂の前野隆社長と前野眞司専務取締役には様々な観点から有意義なご指摘・ご助力をいただき大変お世話になった。

　最後に，著者の企業人と研究者としての両立をサポートしてくれた妻と二人の子どもへの感謝を述べたい。

　本書の論考が学界・実務界において幾分かの貢献となれば大きな喜びである。

目　　次

はじめに

第 1 章　本書の問題意識・目的とフレームワーク……………1
　1.1　本書の問題意識と目的 ………………………………………1
　1.2　研究対象とフレームワーク …………………………………2

第 2 章　アジア生命保険市場の動向と外資生保企業の
　　　　　地位・プレゼンス ………………………………………4
　2.1　アジア生保市場の現状・課題 ………………………………4
　　2.1.1　概況 ………………………………………………………4
　　2.1.2　アジア生保市場の 3 地域別の特徴 ……………………6
　　2.1.3　アジア地域に共通する重要なトレンド・変化 ………8

第 3 章　アジア生命保険市場で大きな影響力を有する有力外資
　　　　　企業 3 社の事例と特徴 …………………………………16
　3.1　外資生保企業のアジア生保市場における地位・プレゼンス ………16
　3.2　3 社の経営の特徴 ……………………………………………20
　　3.2.1　プルデンシャル …………………………………………20
　　3.2.2　マニュライフ ……………………………………………35
　　3.2.3　AIA ………………………………………………………49
　　3.2.4　3 社の特徴的な取組み事例 ……………………………59
　3.3　3 社の事業展開・経営の特徴 ………………………………69
　3.4　その他外資企業（日系企業を含む）の状況：3 社との違い ………79

第4章 先行研究のレビュー……81

4.1 生命保険業に関する研究 ……81
  4.1.1 塗明憲氏の研究（塗, 1983） ……81
  4.1.2 S. ビンダーと J. L. ガイの論点（Binder & Ngai, 2009） ……84
  4.1.3 G. パーチホルドと J. サットンの論点
      （Perchhold & Sutton, 2009） ……86
4.2 製造業やサービス業の国際化に関する先行研究 ……89
  4.2.1 企業の国際化研究 ……89
  4.2.2 サービス業の国際化に関する研究 ……92

第5章 生命保険企業の国際化に関する理論化 ……98

5.1 サービス商品としての生命保険の特徴 ……98
5.2 生命保険企業の国際化理論に関わる考察 ……99
  5.2.1 折衷理論（OLIパラダイム）の生命保険業への適用 ……99
  5.2.2 資源ベース論の観点からのアプローチ ……104
  5.2.3 ダイナミック・ケイパビリティ論の観点からのアプローチ ……107

おわりに ……113

参考文献 ……115

主要保険用語集 ……122

索引 ……123

第 1 章
本書の問題意識・目的とフレームワーク

1.1 本書の問題意識と目的

　生命保険[1]事業の分野においても，製造業や各種サービス業と同様に，国際事業展開は大きな経営上の重点・課題となっており，特にアジアを中心とする新興国が，欧米等の有力保険企業の重要な参入ターゲットおよび重点市場となっている。かかる状況下において，同地域で大きなポジションを占めている欧米系の外資企業3社を取り上げ，外資生命保険企業の国際事業展開に関する成功要因の解明を行うことを本書の目的とする。同時に生保企業の国際化に関する分析や考察を行うための新たな視点，フレームワークの提示を行うこととする。

　そもそも本テーマについての先行研究は少なく，最も総合的な研究業績は，塗明憲の『国際保険経営論』（塗，1983年）であると考えられる。しかしながら，その研究時点から既に長期間が経過しており，同研究の時点で想定されていなかった規模や内容でアジア保険市場の変化と企業活動の活発化（欧米系企業のみならず日本企業や韓国・台湾等アジア企業による市場参入やそれらによる事業規模の拡大を含む）が進行しており，同時に企業の国際化に関する理論研究も進展している。また，研究者や実務家・コンサルタントによる市場実態や企業活動に関する論考は散見されるものの，国際経営論や経営戦略論に準拠した研究成果はほとんどないと思われる。かかる状況において，現時点で経営学の理論的展開を踏まえた考察を行うことの意義は

---

[1] 本書では生命保険の略語として生保を用い，適宜，生保市場，生保事業，生保企業などと表記する。

大きいと考えられる。

1.2 研究対象とフレームワーク

　近年，急速な進展・拡大を見せているアジア主要国・地域（以下特に言及しない限り「アジア」や「アジア地域」と総称する）につき「ニーズ（NIES：新興工業経済地域）」の4ヶ国・地域（シンガポール，香港，台湾，韓国），「アセアン（ASEAN：東南アジア諸国連合）」の5ヶ国（タイ，マレーシア，インドネシア，フィリピン，ベトナム）と「中国・インド」の計11国・地域の生命保険市場を分析の主たる対象地域とし，当該地域で大きなプレゼンスを占める欧米系の外資有力生命保険企業3社プルデンシャル（Prudential（英国）），マニュライフ（Manulife（カナダ）），AIA（米国系[2]）を主たる企業事例として考察する。

　研究手法は，主として公表文献（各国保険監督庁・生命保険協会などの資料，保険業界誌・紙，関連書籍），保険市場や各企業についての情報（年次報告書，経営方針や業績内容，財務業績に関する投資家向けプレゼンテーション資料とその発表原稿（質疑応答を含む），プレスリリース）等を中心とする実証研究である。

　分析に当たっての理論的フレームワークは，上記3社を代表とする外資生保企業のアジア事業展開の戦略や企業行動の特徴点を抽出し，それらを企業の国際化に関する理論に応用を試みることとする。使用する理論は，先ず，企業の国際化に関する諸理論の多くを包括した総合的なものであり，サービス業にも適応化とされるダニングの折衷理論をベースにする。併せて，企業の経営資源・組織能力の視点からの資源ベース論や，急激に変化する市場における持続的な競争優位を明らかにするために時間的変化の視点を含むダイナミック・ケイパビリティ論を援用する。最後にそれら考察の成果として生

　2　2010年の香港における株式上場により独立性を高めるまでは，本書中で後述するように長らく米国の大手保険企業AIGグループの完全子会社であった。

保事業の特性に合致した新たな分析視点による生保企業の国際展開における重要な競争優位についての提示を行うこととする。

第 2 章
アジア生命保険市場の動向と外資生保企業の地位・プレゼンス

　アジアの生保市場は，域内の諸国の他地域を上回る経済発展や世界的景気低迷下においても相対的に堅調な動勢を受けて，その規模と世界市場における地位を拡大しつつある。本書では，先ず，アジア域内の代表的な市場である上記11ヶ国・地域を対象にその近況・動向の特徴点を鳥瞰する。次いで当該市場における成功要因等について，特にプレゼンスが大きく重要な外資プレーヤーである欧米系有力企業3社の動向や戦略と企業行動やその特徴に焦点を当てて考察する。

2.1 アジア生保市場の現状・課題

2.1.1 概況

　アジア地域の多くの国で経済発展が見られる中，生命保険市場は拡大しており今後一層の成長が見込まれている。表2-1は2014年におけるアジア主要国・地域のマクロ経済と生命保険の主要な指標であり，表2-2は2004年と2014年についての生保関連主要諸指標の比較，図2-1は2004年と2014年の生命保険料の国・地域別の構成比である。

　アジア地域（11ヶ国・地域：「アジア11計」）の保険料は，2014年で5,048億ドルとなっているが，各市場の規模や生保の普及度には大きな違いがある。アジア地域の生命保険料の世界合計における構成比は，2004年には8.8％と日本の20.8％の半分にも満たなかったが，2014年には19％（2004

表2-1 アジア主要国・地域の経済・生保の主要指標（2014年）

	人口 百万人	名目GDP 10億ドル	一人当たりGDP ドル	実質GDP成長率 (2012-14年, 年平均伸び率, %)	生保収入保険料 百万ドル	対前年増減(実質%)	同左実質ベース(%)	一人当たり保険料 ドル	保険料/GDP %
韓国	50	1,417	28,101	2.8	101,572	11.0	6.3	2,014	7.2
香港	7	290	39,871	2.3	36,856	10.9	7.2	5,071	12.7
台湾	23	530	22,598	2.7	79,156	5.5	6.3	3,371	15.6
シンガポール	5	308	56,319	3.6	15,543	9.2	9.4	2,840	5.0
NIES4国・地域計	85	2,545	29,941		233,127	9.0		2,743	9.2
マレーシア	30	327	10,803	5.4	10,231		5.7	338	3.1
タイ	69	374	5,445	3.4	13,297	7.6	11.6	198	3.6
インドネシア	251	889	3,533	5.5	10,159	-3.6	3.1	40	1.1
フィリピン	99	284	2,865	6.7	4,420	12.5	13.0	44	1.6
ベトナム	91	186	2,053	5.5	1,290	22.6	12.8	14	0.7
ASEAN5計	540	2,060	3,815		39,397	7.1		73	1.9
中国	1,368	10,380	7,589	7.7	176,950	15.4	13.4	127	1.7
インド	1,260	2,050	1,627	6.4	55,299	6.4	1.0	44	2.6
アジア11計	3,253	17,035	5,237		504,773	10.8		155	3.0
（参考）日本	127	4,616	36,332	1.1	371,588	-3.1	3.3	2,926	8.4

（資料）　保険関連データはスイス再保険会社「Sigma No4/2015」、その他はIMF「World Economic Outlook, April 2015」により筆者作成。

表2-2　2004年対2014年　生保保険料関連主要　諸指標の比較

	名目GDP構成比%			生保保険料構成比%			生保保険料/人ドル			生保保険料/GDP%		
	2004	2014	増減	2004	2014	増減	2004	2014	増減	2004	2014	増減
NIES4国・地域計	3.2	3.3	0.1	5.4	8.8	3.4	1,296	2,743	1,447	7.8	9.2	1.4
ASEAN5計	1.7	2.7	1.0	0.6	1.5	0.9	22	73	51	1.6	1.9	0.3
中国	3.9	13.4	9.5	1.8	6.7	4.9	27	127	100	2.2	1.7	▲0.5
インド	1.6	2.7	1.1	2.1	3.3	1.2	16	44	28	2.6	2.6	0.0
アジア11計	10.4	22.0	11.6	8.8	19.0	10.2	56	155	99	3.9	3.0	▲0.9
日本	11.5	6.0	▲5.5	20.9	14.0	▲6.9	3,044	2,926	▲118	8.3	8.4	0.1
米国	28.9	22.5	▲6.4	26.8	19.9	▲6.9	1,693	1,657	▲36	4.2	3.0	▲1.2
欧州	35.6	29.4	▲6.2	37.6	37.8	0.2	848	1,138	290	4.7	4.1	▲0.6
中南米	4.9	7.9	3.0	1.1	2.8	1.7	37	122	85	1.0	1.8	0.8
その他地域	8.7	12.2	3.5	4.8	6.5	1.7						
世界計	100.0	100.0		100.0	100.0		292	368	76	4.6	3.4	▲1.2

（資料）　保険データはスイス再保険Sigma誌各号、GDPはIMFデータにより筆者作成。
（参考）　為替レート（対ドル円：107.49（2004年）、109.96（2014年）、対ドル人民元：8.28（2004年）、6.16（2014年））。

図 2-1 2004 年と 2014 年の生命保険料の国・地域別構成比（%）

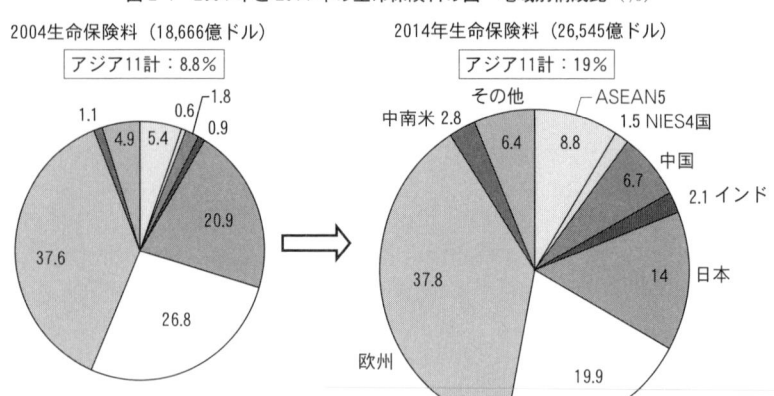

（資料） 保険データはスイス再保険 Sigma 誌各号，GDP は IMF データベースにより筆者作成。

年対比 10.2 ポイント増）と日本の 14% を大きく上回るシェアとなっている。

2.1.2 アジア生保市場の 3 地域別の特徴

アジア 11 ヶ国・地域の生保市場を相対的に比較・考察する上では，市場としての質・規模・成長性などの観点から大きく 3 つの地域（NIES4, ASEAN5, 中国・インド）に分けて考えることが適当と考えられる。

(1) ニーズ（NIES）：新興工業経済地域（韓国，香港，台湾，シンガポール）

アジア域内の先進保険市場であり，収入保険料の対 GDP 比が，台湾の 15.6%（2014 年，以下同じ）を筆頭に平均 9.2% と日本の 8.4% を上回っており，1 人当たり収入保険料も平均 2,743 ドルと高水準であり（日本は 2,926 ドル），相当に成熟した市場と見ることができるが，依然成長も持続している。香港には，中国市場との連携も睨んだ欧米有力保険企業の多くがアジア地域に統括拠点をおいており，またシンガポールも国際的に有力な金融センターであると共に周辺国を含む事業活動のハブであり，多くの製造業・サー

ビス業の企業がアジア地域統括拠点を置いており，その意味でも重要性が大きい。

　次に，台湾を例に取って特徴点を挙げれば，生命保険料の対 GDP 比は上述のとおり世界最高水準にあるが，市場関係者の分析によればさらに開拓・深耕の余地があるとされ，具体的には生活レベルが向上する中で，高齢化社会の到来への準備としての年金商品や医療商品が有望視されている。リーマンショック後に投資型商品の人気が一段落し，代わって保障商品，金利感応度の高い商品，返戻金付商品や外貨建て商品が増加傾向にある。

　少ない人口の中相当程度の普及率となっている市場で，競争環境が厳しく白地ベースでの新規参入は困難な状況にあり，外資大手による撤退や事業の売却事例もでている。このような状況下，市場への新規参入手段は主に既存企業を対象とする買収・出資となっている。

(2) アセアン（ASEAN）：東南アジア諸国連合（タイ，マレーシア，インドネシア，フィリピン，ベトナムなど）

　巨大な成長可能性を有する中国・インド市場と成熟度の高い市場である NIES4 の間の位置づけで目立ちにくい面があり，現状は収入保険料の対 GDP 比が平均 1.9％，1 人当たり収入保険料は平均 73 ドルと NIES4 に比べて普及度は低水準である。しかしながら，今後に目を転じると，タイ・マレーシア・インドネシア等で 97－98 年のアジア通貨・金融危機を乗り越え経済構造が強化され，更なる経済発展と中間層の急増の可能性が高く，人口も 5 億人超と多いなどの要因を有する有望市場であると考えられている。とりわけ，人口が多く，若年者の比率が高いインドネシア，ベトナム，フィリピンや，域内の後発市場であるカンボジア，ラオス，ミャンマーは高成長の可能性が大きいと考えられる。さらにマレーシア・インドネシアなどイスラム教徒向けにはタカフル（イスラム保険）の販売増加が期待されており，欧米日等の外資各社も当該分野への参入を行っている。

(3) 中国・インド

世界最大規模の人口を有し高成長を続ける中国とインドは，収入保険料の2004年／2014年対比が，それぞれ3.8倍，4.3倍と保険市場が大きく伸張しており，さらなる拡大が展望されている。ビンダー＝ガイ（Binder and Ngai, 2009）は，両国をアジア市場に関心がある企業にとって見逃せない市場（can't miss market）であると表現している。またスイス再保険（Swiss Reinsurance Company）のシグマ誌（Sigma No.5（Swiss Re, 2011））によれば中国とインドの世界生命保険市場における順位は，2011年の5位と8位が，2021年には，それぞれ2位，6位に上昇すると予測している）。

現状では，両国には外資企業に対する出資規制などがあり市場参入への制約がある[1]が，将来それが緩和されると外資企業にとってより大きな事業機会が得られることが見込まれている。

2.1.3 アジア地域に共通する重要なトレンド・変化

アジア生命保険市場の今後の見通しを考える上で，域内市場に共通する特に重要なトレンドや変化，トピックスとして，①事業環境のベースとなる経済成長の動向，②人口動態や中間層の増加，③外資規制緩和の動向，④販売網の変化，⑤保険商品面の変化について述べる（外資有力企業など市場参加者の動向は第3章で述べる）。

(1) 経済成長動向の現状・予測

97−98年のアジア通貨・金融危機時には大きなダメージを受けたアジア諸国が多かったが，その後はリーマンショックなどの世界的な景気後退状況局面では成長率が減速・鈍化する事態はあるが，長期的なトレンドとしては着実な経済発展が見られており，その傾向は持続するものと考えられる（上

---

[1] 現状では，外資生保企業のマーケットシェア（保険料ベース，2013年）は，中国で，5％弱，インドで約27％と小さく，国有・地場企業（中国）や国営企業（インド）が依然として大きな存在になっている。インドでは2015年に外資による49％までの出資が可能になった（それ以前は26％が限度）。

記，世界経済の低迷など外部環境によるダメージを受ける度合は，先進国への輸出依存度や内需割合の大きさ等により異なる）。

表2-3のように2015年，2016年における実質GDP成長率で欧米日がマイナス1％から3％程度に止まるのと比較して中国やインドの6-7％水準やフィリピンやインドネシアの5％～6％台に続き多くの国・地域で堅調な伸び率が見込まれている。中国は長期間にわたる高成長の持続により，2010年以来，経済規模（名目GDP）でわが国を抜いて世界第2位の経済大国になっている。アジア各国の経済成長を反映して生保市場も拡大しており，図2-1に示されるようにアジア地域の世界経済や世界生保市場におけるプレゼンスは大きなものとなっており，今後の経済成長により生保市場はさらに拡大するものと考えられる。

アジア生保市場の中長期の展望に関し，同地域においてさらなる経済発展が見込まれる中，スイス・ミュンヘンの2大再保険会社等の諸機関や業

表2-3　アジア地域の経済成長動向

実質GDP成長率（2015年4月時点の予測値）

	2004	2005	2006	2007	2008	2009	2010	2011	2012	2013	2014	2015	2016
韓国	4.9	3.9	5.2	5.5	2.8	0.7	6.5	3.7	2.3	3.0	3.3	3.3	3.5
香港	8.7	7.4	7.0	6.5	2.1	-2.5	6.8	4.8	1.7	2.9	2.3	2.8	3.1
台湾	6.5	5.4	5.6	6.5	0.7	-1.6	10.6	3.8	2.1	2.2	3.7	3.8	4.1
シンガポール	9.5	7.5	8.9	9.1	1.8	-0.6	15.2	6.2	3.4	4.4	2.9	3.0	3.0
マレーシア	6.8	5.0	5.6	6.3	4.8	-1.5	7.4	5.2	5.6	4.7	6.0	4.8	4.9
タイ	6.3	4.6	5.1	5.0	2.5	-2.3	7.8	0.1	6.5	2.9	0.7	3.7	4.0
インドネシア	5.0	5.7	5.5	6.3	7.4	4.7	6.4	6.2	6.0	5.6	5.0	5.2	5.5
フィリピン	6.7	4.8	5.2	6.6	4.2	1.1	7.6	3.7	6.8	7.2	6.1	6.7	6.3
ベトナム	7.8	7.5	7.0	7.1	5.7	5.4	6.4	6.2	5.2	5.4	6.0	6.0	5.8
中国	10.1	11.3	12.7	14.2	9.6	9.2	10.4	9.3	7.8	7.8	7.4	6.8	6.3
インド	7.8	9.3	9.3	9.8	3.9	8.5	10.3	6.6	5.1	6.9	7.2	7.5	7.5
日本	2.4	1.3	1.7	2.2	-1.0	-5.5	4.7	-0.5	1.8	1.6	-0.1	1.0	1.2
米国	3.8	3.3	2.7	1.8	-0.3	-2.8	2.5	1.6	2.3	2.2	2.4	3.1	3.1
EU	2.6	2.2	3.7	3.3	0.7	-4.3	2.0	1.8	-0.4	0.1	1.4	1.8	1.9
世界合計	5.4	4.9	5.5	5.7	3.1	0.0	5.4	4.2	3.4	3.4	3.4	3.5	3.8

（資料）　IMF, World Economic Outlook, April 2015.

界紙の報道などでも一層の拡大が見込まれている。ミュンヘン再保険会社の『Insurance Market Outlook』（2015年5月公表）には，2015年から2025年までの予測が示されている。それによれば，同期間の生命保険料増収額の44％を新興国市場が占めるとの予測で，特に，その大宗を占めるアジア新興国（除NIES4）では，この期間の保険料増収率の年率平均（CAGR）が8.9％と最も高成長が見込まれている。また国別では，上記10年間の増収額（世界計）の内，中国が21.9％，インドが6.4％を占める。国別の保険料増収率の年率平均のランキングでは，インドネシアが13.2％と全体のトップ，加えて，中国（9.4％，3位），インド（8.4％，4位），フィリピン（7.9％，6位），タイ（7.8％，7位），マレーシア（5.2％，10位）とアジアから6ヶ国がベストテン入りしている（その他は，2位ブラジル（8.7％），5位コロンビア（8.0％），8位ポーランド（7.6％），9位メキシコ（7.0％）である）。アジア生保市場の中長期的な成長要因としては，経済成長下での富裕層・中間層の増加と都市化の進行によって，生活水準が向上し生活スタイルが変化・近代化することにより，保険に対する意識や関心が高まることが考えられる。その結果，生活防衛のための保障性商品（医療保険を含む）へのニーズの増加，資産運用ニーズ対応としての投資・貯蓄関連商品の重要度の増加が予期される。マレーシア・インドネシア等ではタカフル（イスラム保険）の普及も進行しよう。さらに，人口ボーナス期が終わり高齢化に向かう中国やタイなどでは年金など退職準備商品へのニーズが強まるものと予想される。ASEAN主要国においては，現状未だ低水準の保険普及率の増加傾向が一気に加速するものと考えられる。このような環境において，各国政府は，民間保険の重要性を認識し，その市場発展を促し支援するものと見られる。その典型事例が中国であろう。同国政府（国務院）は2020年までに生損保併せた保険料のGDP対比の割合を，2014年の3.3％から2020年に5％に引き上げるという意欲的な目標を掲げており，その達成のためには，2014年から20年までの期間に毎年17％の増収率が必要とされる。

　アジア生保市場の持続的で健全な発展のためには，保険会社の資本力・競争力の増強や商品・販売・サービスにおける顧客ニーズに応えられる体制の

充実・強化が必要になろう。近年，かかる観点で各国が保険業の監督や法制度の整備に努めているが，2014年12月末のASEAN経済共同体（AEC）の発足およびその後の取組みは，短時日に保険市場の拡大に寄与するとの可能性は小さいものの，保険監督・法制度の域内の統一化やレベルアップを促す契機になるものとみられる。さらに，欧米日の保険会社に加え，韓国・台湾・中国等を含めたアジアの有力保険会社によるM&A手法も活用してのアジア域内の各生保市場への参入が進むことが予想される。今後，これらプレーヤー間の競争の促進によって保険市場の開拓・拡大が進行すると考えられる。

(2) 人口動態の変化と富裕層・中間層の増加

次に，経済の成長と密接な関連性を有する人口の増加，消費財やサービス（生保商品を含む）の購買について大きな影響力を持ち富裕層と共に「ボリュームゾーン」と称される中間層の増加傾向について述べる。人口の増加傾向（国連では2005年のアジアの人口約30億人が2050年には38億人に増加すると予測）の中で，アジア新興国の中間層（世帯可処分所得「5,001ドル以上35,000ドル未満」）が急増し，富裕層（同35,000ドル以上）も増加することが見込まれている。具体的には，図2-2のとおり中間層は，2010年の14.5億人が，2015年19.3億人，2020年23.1億人に増え，富裕層は2010年の1.0億人が，2015年2.0億人，2020年3.5億人に増加すると見込まれている。

(3) 外資規制の動向

特に90年代からの経済発展の中ニーズ（NIES）・アセアン（ASEANなどの多くの国・地域では，保険企業も含めた外資企業への市場開放が進展し，出資規制の緩和や新たな事業免許の交付などが行われた。その後も，97-8年のアジア通貨・金融危機で大きな経済的ダメージを被ったタイ・インドネシア・韓国等における保険市場の回復や経済構造強化に外資企業の力を活用するとの観点，中国・ベトナムのWTO加盟約束の履行を典型例と

図2-2 アジアにおける富裕層・中間層の増加見通し

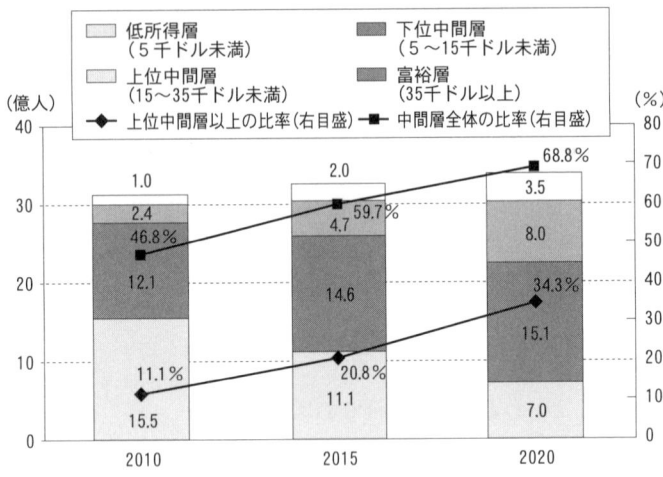

（備考） 世帯可処分所得別の家計人口。各所得層の家計比率×人口で算出。2015年，2020年はEuromonitor推計。
　　　　アジアとは中国・香港・台湾・韓国・インド・インドネシア・タイ・ベトナム・シンガポール・マレーシア・フィリピン。
（資料） Euromonitor International 2011から作成。
（出所） 経済産業省（2011）。

する市場開放の観点から外資規制の緩和が進み，外資保険企業のプレゼンスがより拡大した。さらに将来に向けての市場としての重要度が増す中，依然として外資出資規制や国内の進出地域規制が残る中国・インド市場等での緩和動向が注目点になっている（表2-4参照）。また法規制の条文では外資企業の参入が認められていても実際の事業免許の取得には制限が課せられたり，一定時期を経過すると新規の免許取得が困難になったり，外資出資規制が多くの場合に先行参入者を例外として強化されるという事例[2]も見られ

2　タイでは現行49%の外資出資規制があるが，AIAなど先行参入者は支店形態を含む外資100%のメジャー出資が認められている。マレーシアも70%の外資出資規制があるが，先行者等には例外的にそれを超える出資が認められている。他方，外資の金融機関に対する出資規制が後日制度上で制限される可能性もありうる。インドネシアの銀行の事例であるが，2012年7月18日に公布された同国の銀行の出資に関する規制によれば出資の上限は，従来の99%が，既得権者を含め例外はありうるとしつつも，株主を金融機関（銀行およびノンバンク），非金融機関，個

表 2-4　外資規制（原則）の動向

香港	制限なし
台湾	制限なし
韓国	制限なし
シンガポール	制限なし
タイ	49%（監督庁の認可前提）
マレーシア	70%
インドネシア	80%
フィリピン	制限なし
ベトナム	制限なし
中国	内国法人へは24.9%，合弁企業は50%
インド	49%

（出所）　各国資料等より筆者作成。

る。この観点からも先に市場に入り免許を取得することのメリットや新規に免許が付与されない場合には既存の企業の買収や出資による参入が必要とされる場合がある。法規制上の動向は保険企業の経営に大きな影響を与えうるので，ASEAN経済共同体（AEC）や各種経済連携協定等における動向に注意すると共に，政府・業界関係者との人脈や関係の構築がより重要になろう。

(4) 保険商品面の変化

　投資型商品は，リーマンショックや世界的な景気後退期に入り，それ以前の販売過熱傾向は落ち着きを見せ，極端な伸びはみられなくなっているが，今後も富裕層・中間層の顧客層を中心に着実な販売の伸びと普及が進むものと見込まれている。中高所得者層については，所得・生活水準の向上や核家族化の進展に伴って保障商品，貯蓄商品，年金商品への加入への積極化や契約金額の高額化も進行すると考えられる。またアジアの諸国は子女教育に熱

人の3つに分類し，それぞれについて，銀行に対するあらたな出資比率の上限を定め，金融機関の場合40%，非金融機関は30%，個人は20%とするなど厳格化されている。

心なことで知られており，多くの人々は積極的に学資の貯蓄に努めており各層で教育資金の積立を目的とする保険の普及が進むと見られる。他方，低所得層についても各国の経済発展により所得水準が次第に上昇しており，少額の保険商品（マイクロ・インシュアランス）の普及が進む可能性が大きい。このようなアジア地域における商品開発や販売手法を検討するに当たっては各国における経済発展の度合い，顧客層の変化とニーズの違いを十分に考慮すべきと考えられている。この点に関し，特に中国・インドが典型例であるが，同じ国の中に様々な所得階層や嗜好・ニーズを持った人々やグループが，相当大きな人口のクラスターとして存在し，保険販売に当たってはターゲット市場とその特性・特徴を理解し，それぞれに合った商品をそれぞれに適した販売網で提供することが重要である。さらに，既に多くの諸国では欧米日等の有力保険企業が参入しており，それらが伝統的な生保商品のみならず，ユニット・リンク型商品（投資信託的な機能を持つ投資型保険商品），ユニバーサル型商品，特定疾病保障商品など，より進化した商品やバンカシュアランス（銀行による保険販売），ダイレクト・マーケティング（電話やインターネットによる販売や通販等）などの近代的な保険・販売手法を導入しており，アジアの新興国生保市場が，いわば先進国の保険企業による競合の場ともなっている[3]ことにも留意が必要である。またマレーシア・インドネシア等イスラム教徒の多い国ではタカフル（イスラム教の教義に合致した保険商品）[4]が，インド・インドネシア・フィリピンなどの貧しい所得層にはマイクロ・インシュアランスも重要な位置づけを有している。

(5) 保険販売網の変化

販売網では，専属エージェント（保険販売者）とバンカシュアランス（銀行による保険販売）が依然としてその動向の中心になると見られている。前

---

[3] 筆者の造語では「オリンピック現象」。
[4] E&Y（2009）（によれば，域内最大のタカフル市場であるマレーシアでは2007年度タカフル保険料は前年比37％もの伸びを記録したが，それでも普及率はわずか0.32％に止まっており今後一層の伸びが予測されている。

者については，地場有力保険企業に典型的であった，数の優位に頼り専門性・生産性の低い販売網は，生保市場の発展・近代化傾向の中，顧客のニーズが多様化・高度化する中では，そのトレンドにフォローできず弱体化し淘汰される可能性が大きく，代って外資有力企業が先導する形でそのレベルアップが進行しつつある。他方，バンカシュアランスは各市場で急速な伸びを示しており，多くの市場で新契約の 30－50％水準のシェアとなっている。上記以外の新チャネル・代替的チャネル（ブローカー，ダイレクトマーケティング，小売店舗を通じた販売など）については，市場における大きな存在とはならないものと考えられるがニーズを有する顧客層への対応として着実に増加すると見込まれている。そこでもノウハウに優れた外資企業が IT の活用やコールセンターの運営ノウハウなどで先導するケースが多いと考えられる。

第 3 章

アジア生命保険市場で大きな影響力を有する有力外資企業 3 社の事例と特徴

3.1 外資生保企業のアジア生保市場における地位・プレゼンス

表 3-1 アジアの有力生保企業(3 社については太字で記載)

	S. Korea	GWP (KRWmn)
1	Samsung Life	28,238,786 (25.54%)
2	Hanwha Life	13,664,433 (12.36%)
3	Kyobo Life	12,299,402 (11.12%)
4	NH Nonghyup Life	10,291,952 (9.31%)
5	Mirae Asset Life	5,332,553 (4.82%)
6	Shinhan Life	4,892,327 (4.42%)
7	Heungkuk Life	4,328,313 (3.91%)
8	Dongyang Life	4,025,680 (6.64%)
9	ING Life	3,805,312 (3.44%)
10	Metlife Insurance Company Of Korea, Ltd.	3,276,173 (2.96%)
	Market Total	110,575,285 (100%)

	Hong Kong	DWP (HKDmn)
1	HSBC Life	45,396.1 (15.88%)
2	**AIA**	42,572.1 (14.09%)
3	**Prudential**	34,506.5 (12.07%)
4	China Life	28,520.2 (9.98%)
5	**Manulife**	21,844.5 (7.64%)
6	BOC Group Life	16,756.8 (5.86%)
7	AXA China	15,990.3 (5.59%)
8	Hang Seng Insurance	12,241.1 (4.28%)
9	FWD Life	9,016.9 (3.15%)
10	Sun Life	6,209.3 (2.17%)
	Market Total	285,804.4 (100%)

3.1 外資生保企業のアジア生保市場における地位・プレゼンス

Taiwan		GWP (TWDmn)
1	Cathay Life	547,537.46 (22.79%)
2	Fubon Life	381,228.84 (15.87%)
3	Nan Shan Life	324,174.05 (13.49%)
4	Shin Kong Life	171,724.06 (7.15%)
5	Chunghwa Post	148,728.87 (6.19%)
6	China Life	133,556.44 (5.56%)
7	CTBC Life	125,582.03 (5.23%)
8	Mercuries Life	100,950.62 (4.21%)
9	Allianz Taiwan Life	79,313.74 (3.31%)
10	Cardif	66,965.87 (2.79%)
	Market Total	2,403,400.1 (100%)

Singapore		GWP (SGDmn)
1	AIA	4,157.27 (21.78%)
2	Prudential	4,014.39 (21.03%)
3	The Great Eastern Life	3,270.15 (17.13%)
4	NTUC Income Insurance Co-Operative	1,852.27 (9.71%)
5	Aviva	1,485.42 (7.78%)
6	The Overseas Assurance Corporation	1,174.81 (6.16%)
7	Tokio Marine Life（東京海上85.7%出資）	1,089.1 (5.71%)
8	HSBC Insurance	804.52 (4.22%)
9	Manulife	710.39 (3.73%)
10	AXA Life	356.96 (1.87%)
	Market Total	19,094.7 (100%)

Malaysia (2013)		GWP (MYR mn)
1	Great Eastern	6,495.62 (20.67%)
2	Prudential	4,996.94 (15.90%)
3	AIA	4,483.08 (14.27%)
4	Hong Leong（MS&AD30%出資）	1,994.82 (6.35%)
5	Allianz Life	1,599.81 (5.1%)
6	Etiqa Insurance	1,030.89 (3.29%)
7	Tokio Marine Life（東京海上100%出資）	925.57 (2.95%)
8	Zurich (Malaysian Assurance Alliance)	767.36 (2.45%)
9	Manulife	685.27 (2.19%)
10	MCIS Zurich	583.44 (1.86%)
	Market Total	31,428.1 (100%)

Thailand (2013)	DWP (THB mn)
1 AIA	79,371.53 (20.89%)
2 Muang Thai Life	56,075.98 (14.77%)
3 Thai Life Insurance（明治安田生命 15%出資）	45,924.64 (12.09%)
4 SCB Life	42,626.94 (11.23%)
5 Bangkok Life（日本生命約 25%出資）	37,275.46 (9.82%)
6 Krungthai AXA Life	36,038.12 (9.49%)
7 Ayudhya Allianz C.P.	19,769.39 (5.21%)
8 FWD Life	12,480.91 (3.29%)
9 Ocean Life（第一生命 24%出資）	12,447.16 (3.28%)
10 Prudential Life	10,097.11 (2.66%)
Market Total	379,916.8 (100%)

Indonesia (2013)	GWP (IDR mn)
1 PT Prudential Life Assurance	19,081,593.4 (19.19%)
2 PT Asuransi Jiwa Sinar Mas MSIG（MS&AD50%出資）	9,612,973 (9.67%)
3 PT Asuransi Allianz Life Indonesia	8,224,028.5 (8.27%)
4 PT Asuransi Jiwa Manulife Indonesia	7,778,293.9 (7.83%)
5 PT Indolife Pensiontama	6,248,468.4 (6.29%)
6 PT Asuransi Jiwasraya (Persero)	5,959,361.3 (6.00%)
7 PT Axa Mandiri Financial Services	5,933,609.3 (5.97%)
8 Asuransi Jiwa Bersama Bumiputera 1912	5,408,516.1 (5.44%)
9 PT AIA Financial	5,259,638.2 (5.29%)
10 PT Asuransi Jiwa Adisarana Wanaartha	3,424,992.9 (3.45%)
Market Total	99,391,395.7 (100%)

Philippines	GWP (PHP mn)
1 Sun Life	30,732.67 (19.48%)
2 Philippine AXA Life	18,348.46 (11.63%)
3 Philam Life (AIA)	18,311.49 (11.61%)
4 Pru Life Ins. Corp. Of UK. (Prudential)	15,450.74 (9.79%)
5 Bpi-Philam (Ayala Life)	14,483.17 (9.18%)
6 Manufacturers Life Ins. Co (Manulife)	13,357.41 (8.47%)
7 Insular Life	11,697.39 (7.42%)
8 Sunlife Grepa Financial	7,044.88 (4.47%)
9 Generali Philippines Life	4,988.82 (3.17%)
10 Manulife Chinabank Life ASSCE. Co	4,933.28 (3.13%)
Market Total	157,831.7 (100%)

3.1 外資生保企業のアジア生保市場における地位・プレゼンス　19

Vietnam (2013)	GWP (VND mn)
1 Prudential	7,640,078 (32.58%)
2 Bao Vietnam Life （住友生命が親会社に 18%出資）	6,305,693 (26.89%)
3 Manulife	2,627,000 (11.21%)
4 Dai-ichi Life （第一生命 100%出資）	1,838,813.5 (7.85%)
5 AIA	1,750,879.61 (7.47%)
6 PVI Sunlife	1,222,992 (5.22%)
7 ACE Life	1,165,415.25 (4.97%)
8 Prevoir Life	382,933.28 (1.64%)
9 Hanwha Life	234,422.9 (1.00%)
10 Cathay Life	92,441.02 (0.4%)
Market Total	23,450,363.4 (100%)

China (2013)	GWP (CNY mn)
1 China Life	326,290 (29.33%)
2 China Ping An Life	146,091 (13.14%)
3 New China Life	103,640 (9.32%)
4 China Pacific Life	95,101 (8.55%)
5 PICC Life	75,273 (6.77%)
6 Taikang Life	62,127.15 (5.59%)
7 Taiping Life	51,853 (4.67%)
8 China Post Life	23,037.17 (2.08%)
9 Sino Life	22,242.84 (2.00%)
10 Sunshine Life	15,755.84 (1.42%)
Market Total	1,112,485.9 (100%)

India	GWP (INR mn)
1 Life Insurance Corporation of India	2,369,423 (75.4%)
2 ICICI Prudential	124,286.5 (3.96%)
3 HDFC Standard	120,629 (3.84%)
4 SBI Life	107,386 (3.42%)
5 Max Life	72,785.4 (2.32%)
6 Bajaj Allianz	58,431.4 (1.86%)
7 Birla Sunlife	48,330.5 (1.54%)
8 Reliance （日本生命 26%出資, 2015 年 11 月 49%までの引上げを合意済）	42,834 (1.37%)
9 Kotak Mahindra	27,007.9 (0.86%)
10 Tata AIA	23,237 (0.74%)
Market Total	3,142,832 (100%)

（出所）　各国保険庁等のデータをベースとする Timetric 社資料をベースに筆者が各社公表資料などをもとに表記等を修正・追記した。特記がないものは 2014 年データである。

本書で対象事例としているプルデンシャル（Prudential：英国），マニュライフ（Manulife：カナダ），AIA（米国系）の3社（表3-1で太字）はアジア域内の多くの市場に参入し重要なポジションを占めており域内を代表する外資生保企業といえる（他方，アリアンツ（Allianz：ドイツ），アクサ（AXA：フランス），チューリッヒ（Zurich：スイス），ゼネラリ（Generali：イタリア）など，3社と同じく世界的な大手とされる生保企業や我が国の有力保険企業もアジア生保市場に進出しているが，上記3社に比べると市場における位置づけや影響力はまだ小さいといえよう）。未だ外資の出資や国内の支店設置等の規制の強い市場（中国・インドが典型例である）では，内資（地場）の有力企業が依然大きなシェアを占めているが，その両国においても，かつての独占・ドミナント企業の多くが市場の拡大・規制緩和，競争激化の中でそのシェアを減少させており，この点からも生保市場における事業環境の大きな変化の進行が認識できる。

3.2　3社の経営の特徴

上記3社につき，その歴史，戦略，組織・人事や事業活動等についての特徴について述べる。

3.2.1　プルデンシャル
(1)　プルデンシャル・グループについて
　a．概況

英国ロンドンを本拠とするプルデンシャル社（Prudential plc，持株会社）とその子会社および関連会社から構成され，世界各国で生保を中心にその他の金融サービス事業を展開する大手金融機関である。160年以上の歴史を持ち，2014年12月31日現在，グループ全体（連結ベース）の総資産は3,692億ポンド（約70.1兆円，1ポンド＝190円換算），2014年度の保険料収入は342億ポンド（6.5兆円），営業利益（IFRSベース）は31.9億ポンド

(6,061億円),純利益(同)は22.2億ポンド(4,218億円)となっている。2014年12月末現在で,従業員数約2.3万,顧客数約2,400万,預資産4,960億ポンド(94.2兆円)を有する。ロンドン,香港,シンガポール,ニューヨークで株式を上場している。近年ではアフリカ市場(ガーナ・ケニア・ウガンダ)にも進出している。

主要事業は,図3-1のとおり,アジア部門(Prudential Corporation Asia),米国部門(Jackson National Life Insurance),英国部門(Prudential UK)の3地域部門とM&G社(資産運用専門企業,同事業に関する関連企業も含む)を合わせた4つの事業単位に大別される。各事業は,グループ戦略,資産運用,幹部の育成・教育,ブランドや広報その他グループ全体としての重要事項について,持株会社による監督・支援を受けている。

グループの戦略の狙いは,① アジアの中間層の大きな保障ギャップ(必要保障額と既契約額の差)と投資ニーズ,② 米国のベビーブーマーの退職傾向,③ 英国での投資リターン・利益を必要とする貯蓄ギャップと高齢化を3つの柱にしている。

図3-1 プルデンシャル・グループの組織構造

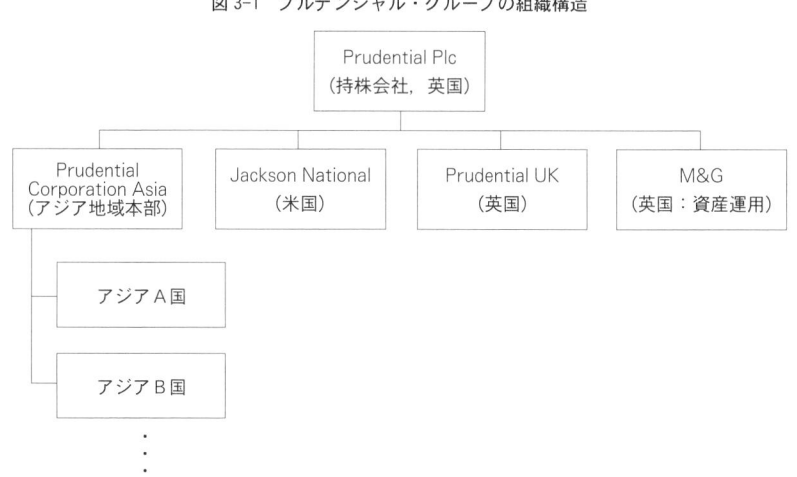

(出所) Prudential (2015a) より筆者作成。

後で詳述するアジア部門を除いた3つの事業単位についての概要は以下のとおりである。

① 米国（Jackson National Life Insurance，1986年に買収）：年金を中心に生保商品，投資商品などを独立の保険エージェント，証券ブローカー，投資アドバイザー，小規模な専属エージェント，銀行，信用組合などを通じて販売している。特に年金販売では米国市場で上位にランクされている。

② 英国（Prudential UK）：英国および欧州諸国で，生保・年金，投資商品などリテール金融商品の販売と資産運用サービスの提供を行っている。主要な販売チャネルは，金融アドバイザー，銀行等提携金融機関および電話・郵便・インターネットなどによるダイレクト・マーケティングである。

③ M&G：1999年に同社が買収した英国の大手資産運用企業である。2014年末時点の預資産は318億ポンド（60.4兆円）となっている。

b．業績

同社アニュアルレポートおよび同社プレゼンテーション資料によれば2014年度の業績の概要は以下のとおりとなっている。先ず保険料収入は，年払換算新規契約保険料が46.5億ポンド（8,835億円：地域別構成比はアジア48.1％，米国33.5％，英国18.4％），営業利益（IFRSベース：図3-2）は，グループ計で31.9億ポンド（6,061億円，対前年14％増）であり，その4事業単位別の内訳を見ると，アジア事業が11.4億ポンド（2,166億円，対前年17％増），米国事業が14.4億ポンド（2,736億円，同17％増），英国事業が7.8億ポンド（1,482億円，同6％増），M&Gが4.9億ポンド（931億円，同11％増）となっている。

2017年の業績目標は，① アジア事業について，同地域の営業利益を18.58億ポンド以上，処分可能剰余金（Free Surplus）創出額を9〜11億ポンド（2014年は5.92億ポンド），② グループ全体での処分可能剰余金創出額を100億ポンド以上（2014年は26億ポンド）とすることとしている。

図3-2のような利益の増加と呼応し，図3-3にあるように持株会社への現

図 3-2　プルデンシャルの営業利益（IFRS ベース）の推移

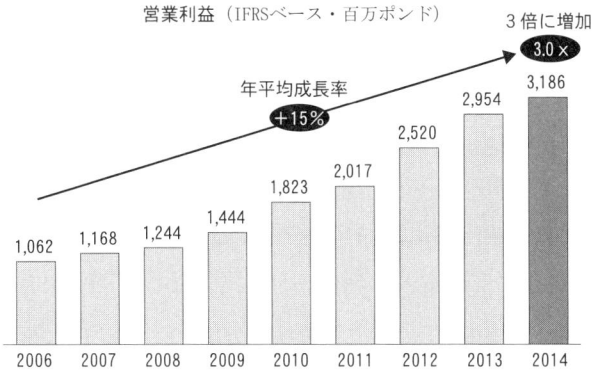

（注）　2006 年／2014 年対比で 3 倍（この期間の年平均成長率は 15％）となっている。
（出所）　Prudential（2015b）.

図 3-3　主要事業単位別の現金配当送金額の推移（単位：百万ポンド）

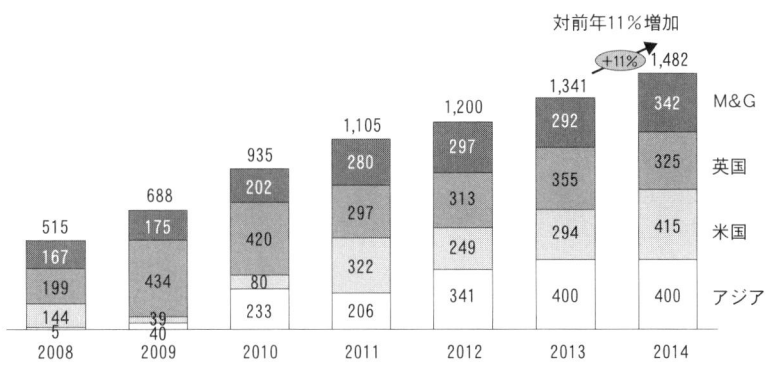

（出所）　Prudential（2015b）.

金配当送金額も増えており，2014 年では合計 14.8 億ポンド（2,012 億円，内訳はアジア（Asia）4.0 億ポンド（27.0％），米国（US）4.2 億ポンド（28.0％），英国（UK）3.25 億ポンド（22.0％），M&G（資産運用事業）3.4 億ポンド（3.1％））となっている。アジアは，2010 年に初めて配当送金を行って以来，着実に増額している。

c. プルデンシャル・グループの経営戦略

各参入市場や事業で貯蓄・収入・保障に関する様々な顧客ニーズに企業としての収益を確保しつつ対応を推進することである。同社は、戦略の実行における重点的・選別的な取組みと、規律の遵守、重要なビジネス機会への経営資源の優先配分により、持続的で他社と差別化を図り株主価値を創造するとしている。そのために多様な事業のポートフォリオの維持を目指しており、各事業はそれぞれ多様であるが、それらに共通する特性は、持続的で長期的で収益性のある成長と高い資本効率を達成する可能性を有し、それぞれの市場を主導できるような事業活動を構築するための事業機会が存在するという点である。同社の強固な資本力が戦略の根本となり、それとリスク管理に対する規律あるアプローチを結びつけて資本の増加とその防衛の達成を可能とする。

同社の成長戦略と競合他社との差別化における重要点は、先ず成長地域であるアジアにおけるプレゼンスであり、同市場へのアプローチは、商品、販売、ブランドについて高水準で差別化することを意図している。次に、米国では年金分野（特に収益性の高い変額年金）に重点を置いて規模よりも利益を重視した営業を行うことを企図している。また、英国では、同国での利益を上回るような利益を実現できるグループ全体に関わる投資機会へ配分するための資本余剰を生み出すことを目的として、新規契約と資本力のバランスに注力して取組むとしている。

さらに、資産運用事業における戦略は、同社の良好な資産運用の実績とブランド力をベースに継続して投資を行うことである。同事業は同社のコア・コンピタンスとしてグループの戦略における重点の1つであるとしている。

d. グループ持株会社の役員構成（2015年3月末時点）

取締役は16名で、その内訳は、業務執行役員（Chairman, Group Chief Executive および Executive Director）が8名、非業務執行役員（Independent Non-Executive Director）が8名となっている。

業務執行役員について、Group Chief Executive（グループ全体の最高

経営責任者)のティアム氏(Tidjane Thiam)は,2008年まで英大手保険会社Avivaの欧州地域総責任者等を務め,それ以前はマッキンゼー(McKinsey & Company)の経営コンサルタント(保険業の担当であった)やアフリカのコートジボアール政府の部門長などの経歴がある。Executive Directorは6名で,Chief Financial Officer(最高財務責任者),Chief Risk Officer(最高リスク管理責任者)と4つの事業単位(アジア,米国,英国とM&G(資産運用事業)の責任者から構成されている。つまりアジア地域等の各事業部門における責任者がそれぞれ親会社の業務執行役員を兼務する仕組みになっている。

一方,非業務執行役員には,著名多国籍企業や国際的な金融・保険企業の元経営者や英国の金融監督当局のトップ経験者,大手監査法人の出身者が含まれている。

(2) アジア事業について

a. 歴史・概況

1923年のインドを嚆矢としてアジアに進出してから90年以上の歴史を有する。同社は当初は英国と関係が深いシンガポール・マレーシア等を中心に営業を行っていた。

同社のアジア地域における事業が急拡大したのは,アジアの経済発展による市場の拡大を見込んでグループ戦略を構築し,1994年に地域本部であるPrudential Corporation Asia(PCA)が香港に設立されて以来であり,現在アジアの13の国・地域[1]で生命保険,市場で資産運用等の事業を展開し多くの国で上位のシェアを獲得している。アジアにおける顧客数は約1,300万人,従業員数は1.5万人。エージェントは51万人である。同社のアジア事業の展開の状況については表3-2 のとおりである。

アジア事業戦略は,既に同社が保有する強い事業基盤を活用し規模を継続

---

[1] 直近では,2014年ミャンマーに駐在員事務所を開設し,2015年ラオスで駐在員事務所の設立認可を取得している。さらに同社アジア部門は,アジア諸国・地域に加えてアラブ首長国連邦(UAE)も所管している。

26　第3章　アジア生命保険市場で大きな影響力を有する有力外資企業3社の事例と特徴

表3-2　プルデンシャルのアジア生保事業の国・地域別営業体制と業績

(金額の単位：百万ポンド)

国・地域	創業年	形態 (出資比率)	保険料 (一時払)	構成比 (％)	保険料 (定期払)	構成比 (％)	営業利益 (IFRS)	構成比 (％)
インドネシア	1995	現地法人80％	280	16.9％	357	17.8％	309	29.4％
香港	1964	現地法人100％	419	25.2％	663	33.0％	109	10.4％
シンガポール	1924	現地法人100％	677	40.8％	289	14.4％	214	20.3％
マレーシア	1931	現地法人70％	117	7.0％	189	9.4％	118	11.2％
台湾	1999	現地法人100％	83	5.0％	116	5.8％	15	1.4％
インド	1923	現地法人26％	28	1.7％	106	5.3％	49	4.7％
韓国	2001	現地法人100％	212	12.8％	92	4.6％	32	3.0％
中国	2000	現地法人50％	239	14.4％	81	4.0％	13	1.2％
ベトナム	1999	現地法人100％	4	0.2％	61	3.0％	72	6.8％
フィリピン	1996	現地法人100％	121	7.3％	39	1.9％	28	2.7％
タイ	1995	現地法人51％	92	5.5％	74	3.7％	53	5.0％
カンボジア	2012	現地法人100％			3	0.1％		
アジア計			2,272	100.0％	2,010	100.0％	1,052	100.0％

(出所)　Prudential (2015a) などから筆者作成。

して拡大することにより株主価値を増大化するということが基本になっており，具体的にはエージェントチャネルの規模拡大と生産性の向上，銀行など提携関係を通じた販売チャネルの構築継続，医療・年金商品への注力，ダイレクト・マーケティングチャネルや複数・他種目販売(同一顧客への重ね売りなど)を行う能力の向上を挙げている。

　アジアにおける同社の事業活動は，各国で著名な女性の顔のロゴマークの下に統合されており，各国・地域の事業は現地拠点の幹部によって経営され，香港所在の地域本部による戦略面のリードや指導と専門的・技術的支援(商品開発，販売網管理，資産運用など)を受けるなどアジア地域に横断的な戦略・方針やリスク管理のフレームワークの中で遂行されている。

表 3-3　プルデンシャルのアジア事業展開略史

1923	インド・カルカッタで初の海外営業を開始
1924	マレーシアで生保営業開始
1931	シンガポールで生保営業開始
1964	香港で生保営業開始
1994	Prudential Corporation Asia（アジア地域本部）を設立
1995	インドネシア，タイで生保営業開始
1996	フィリピンで生保営業開始
1998	インド民間銀行最大手の ICICI と提携しインドでファンド運用事業開始
1999	台湾，ベトナムで生保営業開始，日本でファンド運用事業開始，香港で Bank of China International（中銀国際）と提携しミューチュアルファンド・プロビデントファンド事業を開始
2000	中国で CITIC（中信集団）グループとの合弁，インドで ICICI 銀行との合弁による生保営業を開始，台湾でファンド運用事業を開始
2001	韓国，日本で生保営業開始，シンガポール，マレーシアでファンド運用事業を開始
2002	韓国でファンド運用事業を開始
2004	ベトナムでファンド運用事業開始
2005	中国で CITIC グループとの合弁でファンド運用事業を展開
2006	シンガポールで不動産投資事業を開始，ドバイでファンド運用事業を開始，マレーシアで大手銀行である Bank Simpanan Nasional と合弁でタカフル（イスラム保険）事業を開始
2007	ベトナムで消費者ファイナンス事業を開始，香港でリテール・ミューチュアルファンド事業に参入
2009	マレーシアでアセットマネジメント子会社を開業
2010	香港，シンガポールで株式上場，インドネシアでシンガポール系銀行である UOB の現地保険子会社を買収
2012	インドネシアでアセットマネジメント子会社を開業
2013	カンボジアで生保営業を開始
2014	ミャンマーに駐在員事務所を開設
2015	ラオスで駐在員事務所の設立認可を取得

（出所）　プルデンシャル社ホームページから筆者作成。

b.　業績（拠点別の保険料などの内訳は 26 ページの表 3-2 を参照）

アジア事業における業績（図 3-4）を見ると，保険料収入が着実な伸びを

28　第3章　アジア生命保険市場で大きな影響力を有する有力外資企業3社の事例と特徴

図3-4　保険料収入の推移

（出所）　Prudential（2015b）．

示し，年払換算新規契約保険料（APE）は2014年には22.4億ポンド（4,256億円）となっている（グループ全体に占める割合は48.1%になっている[2]，図3-5を参照）．営業利益（IFRSベース）も図3-6にあるように2014年で11.4億ポンド（2,166億円：生保事業が10.5億ポンド，資産運用事業が0.9億ポンド）と2000年との対比で32倍の規模に拡大しており，グループ全体

図3-5　年払換算新規契約保険料の地域別構成比（2014年）

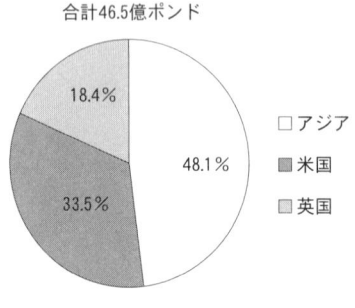

（出所）　Prudential（2015a）．

2　アジア以外は米国が33.5%，英国が18.4%となっている．

図 3-6 プルデンシャルのアジアでの営業利益（IFRS ベース）の推移

営業利益（百万ポンド）

年	グループ全体	アジア
2000	840	36
2001	622	25
2002	449	62
2003	357	71
2004	699	121
2005	957	187
2006	1,062	184
2007	1,168	213
2008	1,244	278
2009	1,444	482
2010	1,823	591
2011	2,017	774
2012	2,520	975
2013	2,954	1,075
2014	3,186	1,140

（出所）　Prudential（2014a および 2015b）．

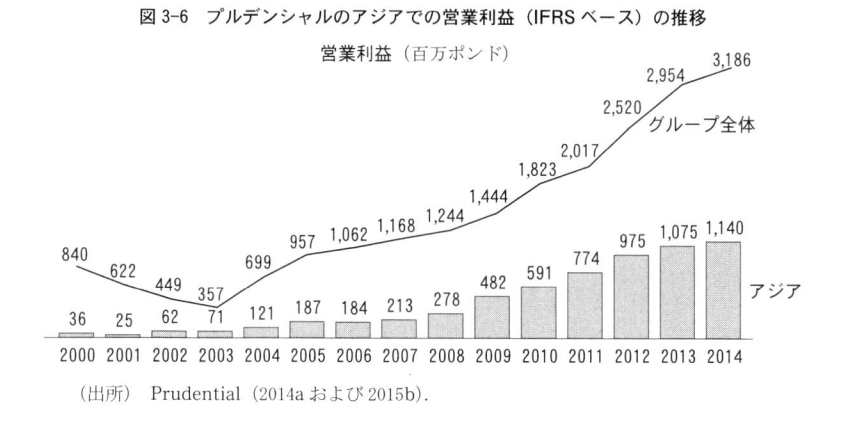

の 35.8％を占めている，また，親会社への現金配当送金額も 4 億ポンド（760 億円）と大きな金額になっている．顧客数は 1994 年 15 万人，2000 年 150 万人，2004 年 550 万人，2014 年 1,300 万人と急速に増加している．

c．保険商品別動向

アジアで販売されている商品は，有配当商品・無配当生保商品（定期保険・養老保険・終身保険），ユニット・リンク保険（投資型保険），健康・医療保険など幅広い品揃えとなっている．またマレーシアとインドネシアにおいては，イスラム教の教義を遵守した保険商品であるタカフルを販売している．

商品別の動向は，図 3-7 のとおり有配当生命保険が最大のシェアであり，次いで健康・医療保険，ユニット・リンク保険，その他となっている．ユニット・リンクは長らく最大のシェアを保持していたが，2008 年のリーマンショック後による株価の低迷の影響等を受けてその構成比は一時に比べて小さくなっており，代って健康・医療保険や伝統的な保障性生保商品のシェアが拡大している．

d．販売チャネル別動向

専属エージェント，銀行（バンカシュアランス），その他となっており，

30　第 3 章　アジア生命保険市場で大きな影響力を有する有力外資企業 3 社の事例と特徴

図 3-7　プルデンシャルのアジアにおける生保商品別保険料構成の推移

保険商品別構成比（年払換算保険料：%）

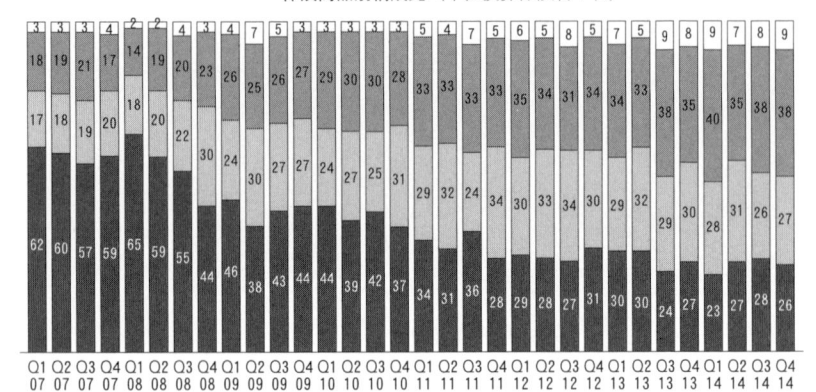

■ ユニット・リンク型投資保険　　■ 医療　　■ 有配当　　□ その他

（出所）　Prudential（2015b）．

　図 3-8 のとおり販売チャネル別の保険料収入においてエージェントが 59％，銀行が 34％と両者が太宗を占めている（その他はダイレクトマーケティング，テレマーケティング等）。

　その中で 51 万人の専属エージェント（販売人）が主力販売チャネルで，同チャネルの成功には高い生産性を導く育成や販売手法管理を伴っての規模（数）の構築・維持が必要とされ，同社ではエージェントの専門性と生産性に重点を置いて取組んでいる。さらにエージェントを補完する販売チャネルとして，銀行やブローカーなどと販売提携を結んでいる。バンカシュアランスによる販売実績は図 3-8 のとおり着実に増加している。主要な提携先銀行は下記のとおりであるが，その中で主要なものは，アジア地域の複数国で包括的な提携関係にある大手多国籍銀行のスタンダード・チャータード銀行（Standard Chartered Bank）とシンガポールを本拠としアジア地域に展開する大華銀行（UOB），合弁事業のパートナーでもあるインドの ICICI 銀行，中国の中信実業銀行（CITIC），香港の中銀国際（Bank of China International）およびタイのタナチャート銀行（Thanachart Bank）であ

り，これらの多くとは独占販売契約を締結している。
- スタンダード・チャータード銀行：対象国・地域は香港，シンガポール，マレーシア，インドネシア，中国，韓国，フィリピン，台湾，タイ，ベトナム
- 大華銀行：対象国はシンガポール，タイ，インドネシア

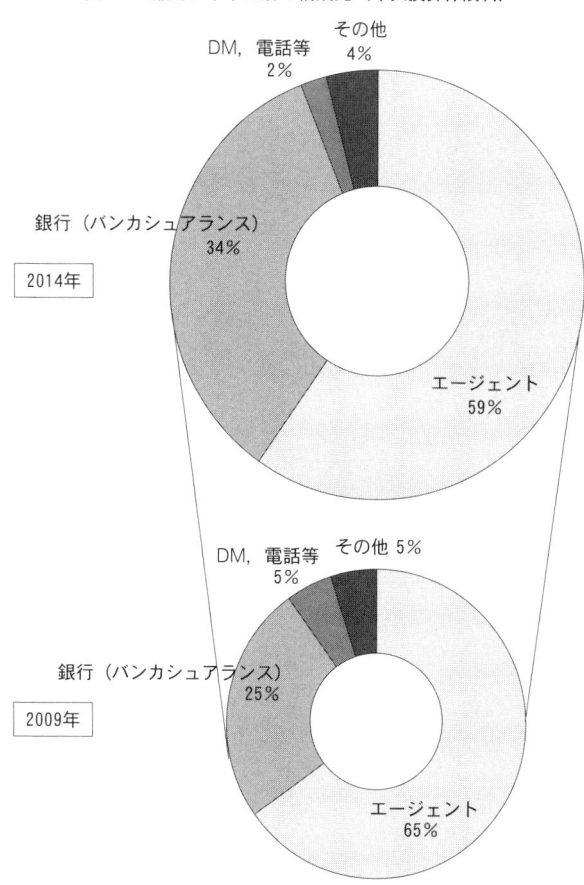

図3-8 販売チャネル別の構成比（年払換算保険料）

2014年
- エージェント 59%
- 銀行（バンカシュアランス）34%
- DM，電話等 2%
- その他 4%

2009年
- エージェント 65%
- 銀行（バンカシュアランス）25%
- DM，電話等 5%
- その他 5%

（出所）Prudential (2014a).

- ICICI銀行：対象国はインド
- 中信実業銀行：対象国は中国
- 中銀国際：対象地域は香港
- タナチャート銀行：対象地域はタイ

e. 資産運用

同社のアジア地域における資産運用事業は，同社のアジアと英国の生保事業についてのファンドの運用と投資型保険商品用のファンドの商品開発の支援，および一般の顧客対象の投資信託の販売などから構成されている。預資産（Funds Under Management）の規模は2014年度末時点で770億ポンド（14.6兆円），2014年度の営業利益（IFRSベース）が0.9億ポンド（171億円）となっており，アジア域内の10市場で富裕層等の顧客向けの資産運用事業を行っている。

f. ブランド力の強化や顧客へのサービス向上の取組み

同社の企業ロゴ（女性の顔）はアジア域内でも広く認知されており，それには，積極的なCSR活動も寄与している。同社のブランドは2011年 Top 1000 Asia Brand Survey（アジア1000ブランド調査）においてアジア地域の1000ブランド中上位1/4の中にランクされている。

顧客へのサービスを含む高いレベルの事業遂行に対して数々の業界での表彰を受けている（例えば2011年では"Best in Achieving Total Customer Satisfaction in Life Insurance Category", Indonesia Customer Satisfaction Awards 2011-SWA Magazine等）。顧客満足度の向上に注力した成果として，2011年の顧客維持率は93％と高く，新規契約の半数近い42％が既存顧客に対する販売となっている。

g. 人事および人的資源管理

（a）アジア事業における幹部のリスト（2013年3月時点）は表3-4のとおりである（下記のマニュライフとAIAの事例も含めて，幹部の氏名や役

職・略歴については，各社のアニュアルレポートとプレスリリース，業界誌の報道，アジア保険企業名鑑から抽出すべく努めているが，総合的な情報のデータベースが存在しないため必ずしも全てを網羅した情報とはなっていない点に留意されたい。

表 3-4　プルデンシャル・アジア地域本部の幹部と各拠点長の経歴

Prudential Corporation Asia（アジア地域本部）

氏名 (イニシャル)	役職	略歴
B氏	Chief Executive	2006年就任：アジアにおける保険部門および資産運用部門のトップ），親会社の Executive Director も兼務。前職は AIG グループの海外傷害・医療保険部門の President を務めた。それ以前は米国で保険ブローカー (Willis Corroon) に12年間勤務，また Pan-American Life 社の President の経歴もある。
W氏	Chief Executive of Insurance（保険部門トップ）	2000年 Chief Operating Officer として入社。保険業界で20年の経験。前職は AIG グループで東南アジア保険事業担当の COO であった。
L氏（女性）	COO of Insurance（保険部門 NO.2）	経歴情報不詳
O氏	Chief Financial Officer	アクチュアリー資格保有，1994年に入社，それ以前は Sun Alliance Life 社(オーストラリア)に勤務していた。
S氏	Chief Agency Officer	前職はシンガポール拠点の CEO (2006-2011年)，1978年にエージェントとして入社しその後1990年にシンガポール法人の Chief Agency Officer となり同社の経営陣に入る。その後は香港本部で勤務。フィリピンの在勤歴もある。エージェントから拠点幹部さらには地域本部幹部に昇格した珍しい事例と考えられる。
L氏（女性）	Chief Marketing Officer	前職はウォルマートの Vice President として国際マーケティングを担当していた。
B氏	Regional Director, Insurance Management	前職はシンガポール拠点の Chief Officer of Partnership Distribution and General Insurance
C氏（女性）	General Counsel	法務責任者，2009年以来現職にあり，親会社である Prudential Plc. の Assistance Company Secretary も兼務している。弁護士資格 (Solicitor) 保有者。職歴としては他社の General Counsel (2004-2009年)，そ

		れ以前は Clifford Chance 法律事務所弁護士で，香港，シンガポール，バンコクでの勤務歴がある。また香港大学で講師歴もある。
M 氏	Chief Executive of Fund Management (資産運用部門トップ)	前職は南アフリカにある Prudential グループの資産運用企業の CEO 兼 Chief Investment Officer であった。23 年間国際投資業務に従事し内 17 年間 Prudential に勤務している。その間ロンドンおよび南アフリカで勤務。
S 氏	Deputy Chief Executive of Fund Management	前職は Regional Head of Investment Management in Asia。2007 年に入社。
H 氏	Regional Head, Pensions of Asia	経歴情報不詳。

各国の拠点長

国・地域	氏名 (イニシャル)	略歴
香港	Y 氏	保険業界で 20 年以上の経験，前職は AIG グループの中核生保である AIA 香港・マカオの Senior Vice President 兼 General Manager。
台湾	C 氏	前職は Deputy President and Chief Operating Officer それ以前は台湾企業複数社での勤務歴あり。
インド	B 氏	前職は ICICI 銀行（インド最大の民間銀行で，合弁保険企業の出資パートナー）の Deputy Managing Director。
シンガポール	H 氏	Prudential グループで 10 年以上在勤。2010 年までインドネシア拠点 CEO として同社の急速な発展を主導し同市場のリーダー企業に成長させた。
マレーシア	O 氏	2009 年以来現職。81 年米 Allstate 入社，2002 年 Prudential へ転職。PCA 社の Director，Agency Management や，インドネシア，フィリピン，ベトナムの拠点長を務める。その後 2007-2009 年は Hong Leong Assurance（地場有力保険会社）の Managing Director 兼 CEO を務めた。
インドネシア	K 氏	マレーシア人，同社マレーシア拠点などで勤務。
フィリピン	R 氏	経歴情報不詳
タイ	D 氏	経歴情報不詳
ベトナム	H 氏	前職はフィリピンの AIG 関連企業の CEO。また AIG では香港，ニューヨークでの在勤歴あり。それ以前は投資銀行や Boston Consulting Group に勤務した。

(b) 人材育成・管理に関わる制度等

同社の人的資源の育成・開発のシステムや体制は幅広いものとなっている。グループ全体に共通のものと，アジア等各地域別のものがある。

グループ全般に共通のものは，経営層や管理職層向けのマネジメント力開発プログラムであり，リーダーシップ開発プログラムは将来の同社のリーダーとなる人材を育てるものである。

グループ全体としての取組みに加えて，アジア，米国，英国と M&G の4つの事業単位はそれぞれで，オンラインでの教育やマネージャー育成，専門スキル教育など人材育成・開発の取組みを行っている。アジア独自では PruUniversity という仕組みで，マネジメントから専門・販売スキルまで多様な教育コースを域内の従業員に提供している。

3.2.2 マニュライフ

(1) マニュライフ・グループについて

a. 概況

カナダで最大の，生保事業を中心として資産運用事業なども展開する金融グループ（本拠はトロントで，持株会社は Manulife Financial Corporation）。主にアジア，カナダ，米国を中心に事業を展開している。1887年の創業で2012年に創業125周年を迎えた。

同社の事業組織は，アジア，カナダ，米国の3地域部門およびコーポレート部門からなる（図3-9）。3地域部門の概要は表3-5に記載のとおりである。

2004年に米国の大手生保企業でアジア各地にも展開していたジョン・ハンコック生命（1862年創業）を買収し業容を拡大している。さらに近年では，カナダでスタンダード・ライフ社の同国事業，米国でニューヨーク・ライフの年金事業（Retirement Plan Services）を，それぞれ2015年1月と4月に買収して業容の拡充を図っている。

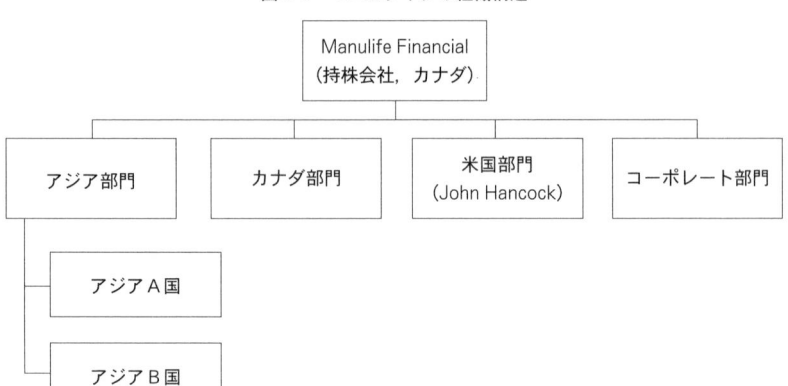

図3-9 マニュライフの組織構造

```
        Manulife Financial
        (持株会社,カナダ)
   ┌────────┬────────┬────────┐
 アジア部門  カナダ部門  米国部門   コーポレート部門
   │                (John Hancock)
   ├─ アジアA国
   ├─ アジアB国
   ：
```

（出所） MFC（2015a）より筆者作成。

表3-5 マニュライフの地域別概況

（金額の単位：カナダドル）

	創業年	従業員数	生命保険料	預資産	純利益
アジア	1897	9,000人	12.8億	871億	12.5億
カナダ	1887	9,000人	5.8億	1,589億	10.0億
米国	1903	5,800人	5.0億	3,985億	21.5億

（注） 従業員は上記の他，コーポレート部門に5,600人在籍。
（出所） MFC（2015a）より筆者作成。

b. 業績

2014年12月31日現在，グループ全体（連結ベース）の総資産は5,136億カナダドル（47.2兆円，1カナダドル＝約92円換算），預資産6,911億カナダドル（63.6兆円），2014年度の生命保険料収入25.4億カナダドル（2,337億円：地域別の構成比は，アジア50.2％，カナダ22.7％，米国21.8％），純利益は35億カナダドル（3,220億円）となっている。また株価・金利・為替等の変動要素を除いた管理指標である中核利益（28.9億カナダドル）の構成比内訳は，図3-10のとおり地域別が，アジア33％，カナダ33％，米国34

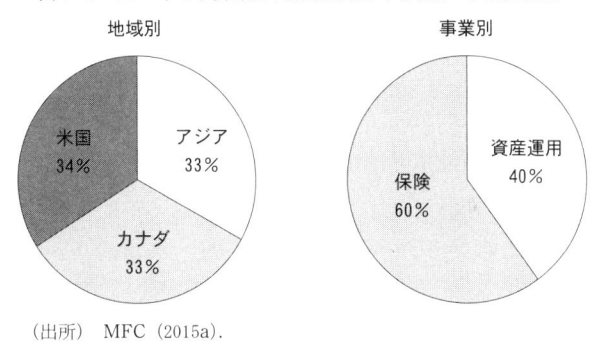

図3-10 2014年の中核利益の構成比内訳（地域別・事業種類別）

地域別
米国 34%
アジア 33%
カナダ 33%

事業別
資産運用 40%
保険 60%

（出所）MFC (2015a).

％，事業別には，生保6割，資産運用4割となっている。2014年12月末現在の従業員数は29,400人である。トロント，ニューヨーク，フィリピン，香港で株式を上場している。

同社の戦略・目標は，①アジアにおける事業機会を最大限発掘・活用すること，②米国・カナダ・アジア市場における非金利保証の富裕層向けや資産運用事業の成長[3]，③本拠地たるカナダでのバランスの取れた事業構築の継続，④米国での高ROE[4]・低リスクな事業の販売増の継続であり，先進市場であるカナダ・米国では収益性重視の安定成長を目指し，成長市場であるアジアでの大きな伸びを志向していると考えられる。

c. グループ持株会社の役員構成（2014年12月末時点）

取締役は15名で，内1名が業務執行役員であるPresident兼CEOである。また業務執行役員（「Management Committee」メンバー）は33名で，その内14名がより上位の「Executive Committee」メンバーでありアジア事業責任者のゴリ氏（R. Gori: Senior Executive Vice President and General Manager, Asia）など各地域部門の長が含まれている。ゴリ氏を含む業務執行役員5名がアジア部門の担当としてアジア地域に駐在している。

---

[3] 非金利保証とするのは金利変動リスクの低減を目的にしている。
[4] Return on Equity：株主資本利益率。

(2) アジアにおける事業展開

a. 歴史と概況

アジア進出は1897年の上海と香港から始まり，アジア地域で継続して事業活動を行っている外資生保企業の中で最長の歴史を有する。現在アジアの12ヶ国・地域[5]で生保事業を，9ヶ国・地域で資産運用事業を展開している。保険料収入は図3-11のとおり増加トレンドにあり，その結果，アジアのグループ全体での位置づけは図3-12のとおり56％と過半を占め，中核利益[6]でも33％の占有率となっている（図3-10）。アジア地域における投資資金はアジア域内で自ら賄うことが可能となっており，さらに2008年から2011年の期間に1億米ドル以上をカナダの親会社に配当している[7]。

アジアにおける地域本部（Manulife International社 Asia Division）は香港に所在している。アジア進出の歴史は，1897年上海，1898年香港，

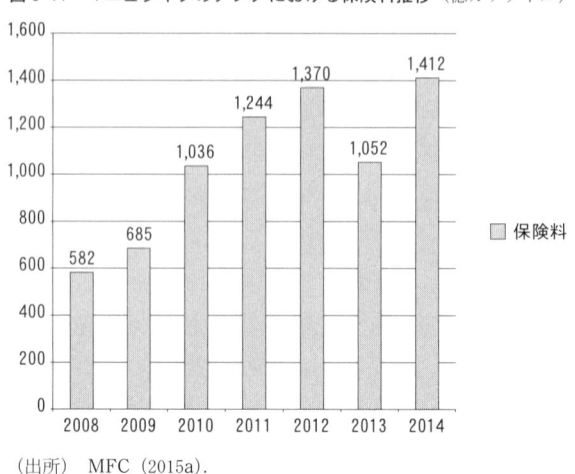

図3-11 マニュライフのアジアにおける保険料推移 （億カナダドル）

年	保険料
2008	582
2009	685
2010	1,036
2011	1,244
2012	1,370
2013	1,052
2014	1,412

（出所） MFC（2015a）．

---

5 2014年ミャンマーに駐在員事務所を開設。
6 MFC（2015a）による。株価・金利・為替レート変動等の影響を除外したベース。
7 2012年9月7日付プレゼンテーション資料における同社アジア地域本部CFO（最高財務責任者）の発言による（MFC, 2012e）。

図3-12 地域別生命保険料収入の推移

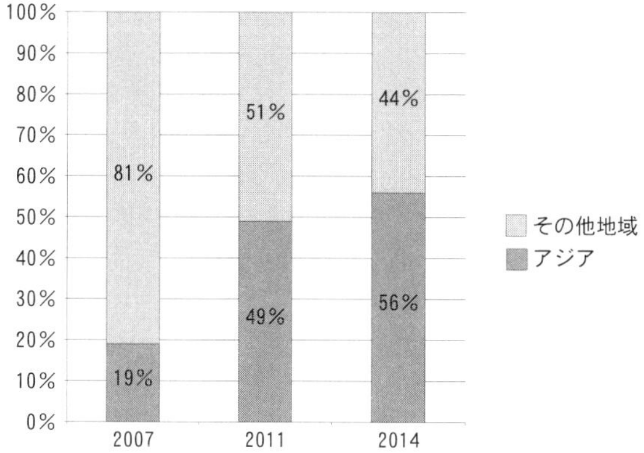

	2007	2011	2014
その他地域	81%	51%	44%
アジア	19%	49%	56%

(出所) MFC (2015a).

1899年日本・シンガポール, 1900年マレーシア, 1901年フィリピン, 1902年タイ, 1903年インドネシア, 1980年シンガポール, 1992年中国（駐在員事務所）, 1992年台湾（支店）, 1994年中国（上海・成都支店）, ベトナム（駐在員事務所）, 1999年ベトナム（外資企業として最初の全額出資法人）, 2012年カンボジアであり, 加えて2004年には米国大手のジョン・ハンコック生命の買収に伴い, そのマレーシア, シンガポール, インドネシア, フィリピンの拠点を傘下に収めた。さらに他社の事業を買収して営業規模の拡大を図っている（例, フィリピン：メットライフ（MetLife：米国）, コモンウェルス銀行（Commonwealth Bank of Australia：オーストラリア）, チューリッヒ（Zurich：スイス）およびプラメリカ（Pramerica：米国）からの買収, インドネシア：チューリッヒからの買収）。中国では上海や広州など沿海部の大都市を中心に営業を行う外資企業が多い中, 内陸部までを含め50都市以上の全国展開を行っており, 生保事業に加えて, 2010年に既存の企業を買収して資産運用事業を子会社形態で行っている[8]。

---

8 2012年9月7日時点で中国国内での拠点数は外資生保中最多の由。同社の中国事業は政府機関や合弁パートナー（大手国有企業である中国化学）との良好な関係によるところが大きいとしている（詳しくは2012年9月7日付プレゼンテーション資料（MFC, 2012e）を参照）。直近の中国における進出都市数は51の由。

新たな市場と期待されるカンボジアでは初進出の外資生保として「先行者利益」の確保を企図している。同社がアジア事業を重視していることは，執行役員32名中5名がアジアに駐在している（その代表者がアジア地域本部長で，本社のSenior Executive Presidentであるゴリ氏（R. Gori）であ

表3-6　マニュライフのアジア事業展開略史

1897	アジア事業開始（中国本土・香港）
1899	インドで営業開始
1902	フィリピン・マニラで生保代理店設立
1903	インドネシア・スマトラで営業開始
1931	香港で支店を開業
1980	シンガポールに大手銀行Overseas Union Bank（現OUB）と合弁形態で進出
1985	インドネシアに大手財閥であるDharmalaグループおよびIFC（国際金融公社）との合弁形態で初進出
1991	シンガポールで再保険事業を開始
1992	中国・北京で駐在員事務所を設置，台湾で支店を開設
1994	中国の上海・成都，ベトナムに駐在員事務所を設置
1995	中国・広州に駐在員事務所を設置
1996	中国で外資の最初の生保合弁企業を設立，マカオに支店を開設
1999	日本とベトナムに合弁企業形態で進出（2001年第百生命を買収し営業体制を強化）
2001	中国・広州での支店設立の準備認可，台湾で米国大手保険企業CIGNA（シグナ）のエージェンシー事業を買収，ベトナムで合弁企業の株式全てを取得し単独出資とする。
2002	中国・広州での支店設立認可（外資合弁生保企業の中で初），フィリピンでMetLifeの生保事業を買収，シンガポールで合弁企業の株式全てを取得し単独出資とする。
2003	中国・北京で支店開設（外資合弁生保企業の中で初の複数支店認可），インドネシアとフィリピンでスイスのZurich（チューリッヒ保険）の生保事業を買収
2004	マレーシア，シンガポール，インドネシア，フィリピンで米大手保険企業John Hancock社（ジョン・ハンコック）買収の結果として生保事業を取得
2005	中国で団体保険，健康保険，年金の認可を取得
2006	フィリピンで米大手保険企業Pramerica Life（プラメリカ生命）の生保事業を買収
2008	北京オリンピックのグローバル公式スポンサーとなる。
2012	中国・河北省石家荘市にて支店開設認可（中国13省・市の50都市に参入），カンボジア・プノンペンに拠点開設

（出所）　マニュライフ社ホームページより筆者作成。

る）ことからも理解できる。

　以上のように，同社はアジア事業について，長い歴史と経験，各地での人脈やビジネス関係を保有している。同社のアジア展開の基本はあくまで自前の成長（Organic Growth）であり25件（当時）のM&Aはそれを補完する位置づけであるとしている[9]。

b. 業績

表 3-7　マニュライフのアジア国・地域別営業体制と業績

（金額の単位：百万米ドル）

国・地域	創業年	形態（出資比率）	保険料（年払換算）	構成比(%)
香港	1931	現地法人 100%	488	22.0%
インドネシア	1985	現地法人 100%	266	12.0%
その他計			1,460	65.9%
（上記の内訳）				
中国	1996	現地法人 51%		
フィリピン	1901	現地法人 100%		
ベトナム	1999	現地法人 100%		
シンガポール	1980	現地法人 100%		
マレーシア	1963	現地法人 59.5%		
タイ	1951	現地法人 93.2%		
カンボジア	2012	現地法人 100%		
アジア計			2,214（内日本が733）	100.0%

（出所）　MFC（2015a）．

c. アジア事業戦略

　同社の2012年9月7日付プレゼンテーション資料（MFC, 2012d）によれば，アジア地域における戦略を追求する上での重要事項は，図3-13にあるように，急成長市場への投資（販売チャネルの増強，富裕層・資産運用事業，新市場への参入），販売網の拡大（経験豊富なエージェントの育成，バ

---

[9]　2012年9月7日のプレゼンテーションでのグロイエン（Guloien）同グループ持株会社CEOの発言による（MFC, 2012e）．

図 3-13 アジア戦略の全体像

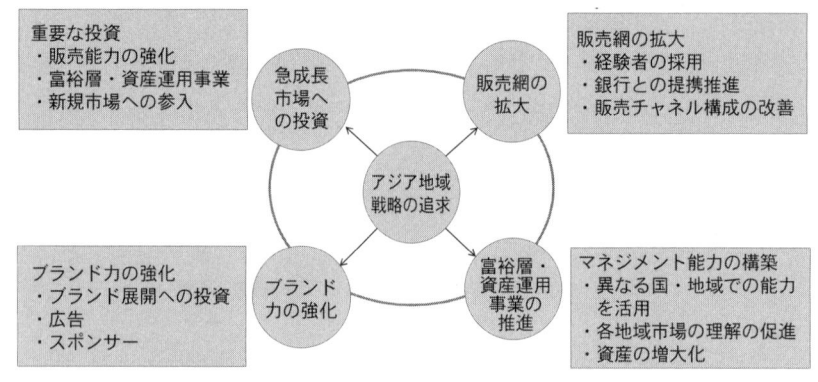

重要な投資	販売網の拡大
・販売能力の強化 ・富裕層・資産運用事業 ・新規市場への参入	・経験者の採用 ・銀行との提携推進 ・販売チャネル構成の改善

中央の図：「アジア地域戦略の追求」を中心に、「急成長市場への投資」「販売網の拡大」「富裕層・資産運用事業の推進」「ブランド力の強化」の4つが配置。

ブランド力の強化	マネジメント能力の構築
・ブランド展開への投資 ・広告 ・スポンサー	・異なる国・地域での能力を活用 ・各地域市場の理解の促進 ・資産の増大化

(出所) MFC (2012d) から筆者作成。

ンカシュランスの提携先銀行の増大，販売チャネルの構成（ミックス）の改善），ブランド力の強化（ブランド開発投資，広告・スポンサー提供），富裕層・資産運用事業の推進（異なる市場における能力の相互活用，各国・地域市場の理解，資産の増大化）である。

また成長をもたらす重要な要因（ドライバー）として次の事項を挙げている。

① アジアにおける経済発展・中間層の増大をベースにした既存拠点の成長：中間層の拡大が大きなビジネスチャンスであり，それはアジア地域全般に共通するが，その典型例はインドネシアであり，2億人超の人口について，5年ほど前までは同社の顧客ターゲットになる層は160万人程度であったが，それが2009年には5,000万人に増え，2014年には1.5億人規模に達すると予測する。

② 新事業への拡張：その例として香港のMPF（確定拠出年金）事業への参入。従来は銀行が圧倒的優位であり保険企業の参入余地はないと見られていたが，同社は米国での401K事業の経験や確定拠出年金商品に関するカナダでの経験を活用し，香港における最有力銀行であるHSBCに次ぐ第二の規模の年金事業を構築することができたとし，その経験をもとに域内の他国

の同種事業にも参入しているとする。

③ 健康・医療保険分野の事業機会：香港・中国などで高齢化が進展する中，健康・医療保障ニーズが強まっておりその重要性が増大化している。

④ 投資信託（Mutual Fund）事業の強化。5 年前までは域内の 3 ヶ国のみで営業していたがその後 9 ヶ国に拡大（台湾・中国では地場企業の買収を実施，域内の運用担当者は 1,500 名規模に増加）しており，さらにフィリピンでの展開を目指す。また中華圏（中国・香港・台湾）における事業の拡大に注力する。

⑤ 自前の成長（Organic Growth）を基本とし，必要性がある場合に補完的手段として M&A を行う方針：生保分野では，2004 年の米大手生保ジョン・ハンコックの買収によりマレーシア・タイに参入し，その後第百生命の買収で日本に進出した。また資産運用事業でも上記の様に買収を実施した。新たな事業の買収後にそれを既存の事業とうまく統合することに強みを有するとしている。同社は規律を重視する投資家であり，単なる規模を求めての参入や拡大を目的とするのではなくその意義を十分に踏まえた上で買収を行う方針としている（同社の独自の買収基準・項目に合致しない場合には実行しない由）。また，近年域内の保険監督庁が市場の健全な発展を目指して保険会社の統合を促す事例がみられ，これも同社にとっての買収機会になりうるとしている。

⑥ 今後の新市場への参入については，韓国とインドが候補国に挙げられている。既に十分な調査は行ってきており，同社の方針に沿った現実的なビジネスモデルの実現が認識できれば速やかに参入する用意が出来ているとする。また同じく未参入の韓国は成熟した市場であり買収が参入の現実的な手段であるが，買収に要する金額は巨額であり現状ではそれに見合った参入の必要性を認識していないとしている。

以上に加えて，アジア域内の各拠点の組織能力の活用，現地市場への理解増進と資産の増大化による組織能力の構築・増強を目指している。

同社は今後のアジア地域における成長戦略の重要点や機会について短期および中期それぞれの観点から表 3-8 のように要約している。

表3-8 マニュライフのアジアにおける短中期での成長戦略の重要点と機会

＜短期的な観点＞	＜中期的な観点＞
・エージェント販売チャネルの継続的な拡大 ・銀行提携先の増加 ・投資信託事業の拡大 ・ブランド力強化への投資	・インドと韓国への注目 ・各国における保険会社の統合・合併の動き ・年金事業 ・医療・保険事業

(出所) MFC (2012d).

さらに2015年5月11日付プレゼンテーション資料（MFC, 2015c）によれば，アジアの事業機会を獲得するために，①顧客との取引経験の活用，②販売チャネルの多様化，③IT活用の推進，④（生保事業と）資産運用事業との連携強化，⑤グローバル企業の強みの活用（専門性毎の中心拠点化，組織能力の拠点間移転），⑥世界水準のチーム（人材）の活用を優先的な事項として挙げている。

d. 商品別の販売動向

商品戦略は，図3-14にあるように生保商品が65％，資産運用商品（投資信託・年金）が35％の構成比となっている。生保商品の内訳は，定期保険・医療保険等，ユニット・リンク，ユニバーサルライフ，終身保険・養老保険などを販売している。企業の収益性を向上させリスクを低下するという観点で商品別の構成の変更に取り組んできており，金利保障型の商品のウェートを減らし金利動向に対応できるユニット・リンク型保険やアジア各国での医療ニーズに対応できる医療分野の特約の販売に注力している。また富裕層向けのビジネスを強化しており，生保商品（特に一時払商品），投資信託，確定拠出年金などを販売している。

e. 販売チャネルの動向：チャネルの多様化の推進

マニュライフの競争優位の大きな源泉は質の高いエージェントであるが，それを基盤として他の販売チャネルも強化する方針で取組んでいる。

同社はエージェント・チャネルに強い企業であり，近年まで保険料収入の

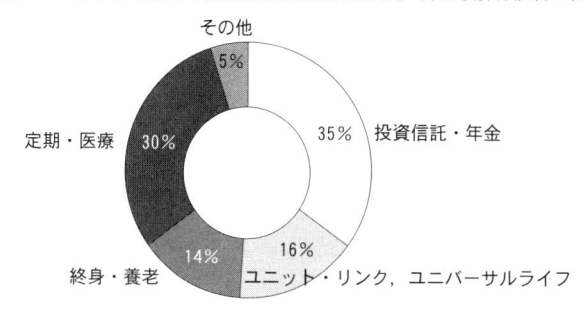

図 3-14　アジア地域での販売商品別保険料構成比 （年払換算保険料：％）

- その他　5％
- 投資信託・年金　35％
- ユニット・リンク，ユニバーサルライフ　16％
- 終身・養老　14％
- 定期・医療　30％

（出所）　MFC（2015d）．

約 7 割％がエージェントからのものであった。今後も安定的で質の高いビジネスの獲得という点での重要なチャネルとして継続してその強化を行っていくとの方針であり，過去 5 年間でエージェント数は 5 万人に倍増（2015 年 8 月時点で 59,000 人）したが，次の 5 年間でさらに倍増を果たし 10 万人体制とすることを目指している。同時に，他の販売チャネルに対する顧客ニーズもありそれらへのアクセスとしてバンカシュアランス（銀行），その他を各国で強化中であり，2014 年の保険料収入による構成比では，図 3-15 にあるように「エージェント」が 44％，「バンカシュアランス」が 19％，その他[10]が 37％となっている。

　直近で 100 以上の銀行と販売提携の契約を結んでいる。中でも，ASEAN 最大級の銀行であるシンガポールの DBS（Development Bank of Singapore）[11]，インドネシアにおける地場大手のダナモン銀行，中国を対象地域とする中国銀行（四大国有銀行の 1 つ）との提携の重要度が高いとしており，とりわけ，DBS との 15 年間にわたるシンガポール・香港・インドネシア・中国市場での独占販売契約，ダナモン銀行とのインドネシアにおける 10 年間の独占契約の締結による販売拡大効果に大きな期待を持っている

10　通信販売等ダイレクトマーケティングを含む。
11　契約の発効は 2016 年 1 月 1 日の予定（2015 年 4 月 8 日付同社プレゼンテーション資料による）。

46 第3章 アジア生命保険市場で大きな影響力を有する有力外資企業3社の事例と特徴

図 3-15 アジア地域での販売チャネル別保険料構成比（年払換算保険料：%）

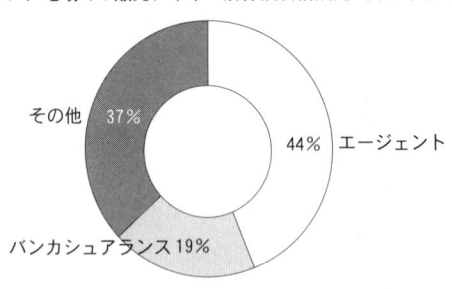

- エージェント 44%
- バンカシュアランス 19%
- その他 37%

（出所） MFC（2015d）.

図 3-16 インドネシアでの保険料（年払換算ベース）の状況と目標（単位：百万米ドル）

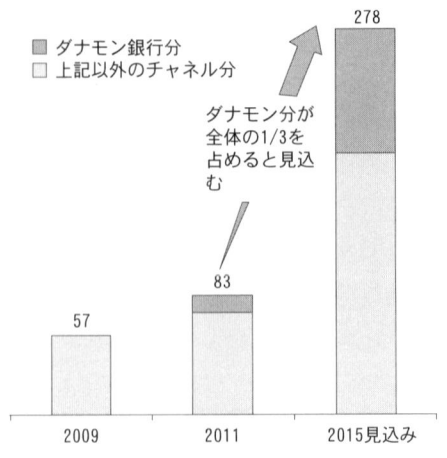

- ダナモン銀行分
- 上記以外のチャネル分

ダナモン分が全体の1/3を占めると見込む

- 2009年：57
- 2011年：83
- 2015見込み：278

（注） 2015年には1/3のシェアをダナモン銀行（Danamon）による販売が占めることを目指している。
（出所） MFC（2012d）.

（インドネシアでは現状エージェントによる販売が太宗を占めているが，図3-16のように2015年には保険料収入の1/3をダナモン銀行によるバンカシュアランスが占めるとしている）。

f．資産運用

同社は経済発展により大きく増加する富裕層等向けの資産運用事業にも注

力しており生保事業とともに推進している。2007年に3つであったアジア各国における資産運用子会社は，2011年には9つの国・地域に増加している。それら9社は，カナダ・米国所在のグループ内の関連企業とも密接な連携を持っての新商品の提供や効率的な運用成果で同社のグローバルなネットワークの強みを活かしている。

g. ブランド力の強化

カナダ・米国でエージェントによる販売が同社のブランド力の大きさの恩恵を強く受けていることに鑑み，これまで両国に比べては相対的に認知度が低かった香港以外のアジア[12]でもブランド力の向上に注力するとしている。ブランドに対する投資につき各種の広告・宣伝や広報，スポンサー活動，CSRも含め幅広く推進してきており，2011年は1,200万ドル，2013年は1,500－2,000万ドルを投資効果の高い国に重点的に投入する方針としている。2011年の取組みの成果としてブランド認知度の上昇率がインドネシア（72%→89%），シンガポール（28%→66%），台湾（28%→35%）であったとしている。

h. 人事の状況

アジア地域本部と各国拠点長の氏名と略歴（2013年3月時点）は表3-9のとおりである。

表3-9　マニュライフのアジア地域本部の幹部と各国拠点長

アジア地域本部：Manulife International 社アジア部門

氏名 (イニシャル)	役職	略歴
C氏	Senior Executive Vice President and GM, Asia	親会社の上席執行役員も兼務（Executive Committee メンバー）。在香港，前職は同社米国保険グループのEVP，同社で30年以上勤務。米国，カナダ，国際部門，法人部門で勤務し，トロント，ワーテルロー，ボスト

---

[12] 歴史的に同社のポジションが強い香港ではブランド認知度が90%以上であり，同人口の1/5が同社の顧客である由（2012年9月7日付プレゼンテーション資料（出所：MFC（2012e））による）。

48　第3章　アジア生命保険市場で大きな影響力を有する有力外資企業3社の事例と特徴

		ン，英国および香港に在住。戦略計画，商品，販売・マーケティングの担当歴あり。トロント・カルガリーの大学卒，MBA（ファイナンス）の学位保有。
M氏	CFO	マニュライフでの勤務は1年だが，アジアでの経験は保険を含む各企業で17年間あり。
H氏	EVP and CEO, Hong Kong	2004年以来香港拠点の責任者。親会社執行役員を兼務，それ以前は台湾拠点の責任者（GM）。さらにそれ以前は香港（事業開発担当），インドネシア拠点のチーフアクチュアリーなど。生保事業や年金コンサルタントとして28年以上のキャリアを有する。
D氏	SVP, Human Resources, Asia	人事担当。社歴20年以上で国際人事分野が主。15年間国際担当で内10年はアジア担当。ワシントン大MBA。
S氏	Chairman Manulife-Sinochem Life Insurance, China	中国の合弁生保会長。中国事業および台湾事業の責任者。親会社執行役員を兼務。アジアでの勤務は24年（内19年マニュライフ，5年は弁護士）。マニュライフの中国，台湾，ベトナム，マカオ参入を担当した。第百生命の買収にもチームメンバーとして参画。中国，ベトナム，台湾事業の経営管理を担当した。エージェントチャネルおよび新チャネルの構築にも従事。法務博士（JD）および法学修士（銀行法）学位を保有。
H氏	EVP and GM, South East Asia Operations	東南アジア6拠点の責任者。シンガポール在住，親会社執行役員を兼務。2003-05年シンガポール法人CEO，2000-02年インドネシア法人President-Director。アジア各国拠点の構築やアジア地域の資産運用を担当。1996年入社，2000年のインドネシア赴任前には香港で勤務。アジア在勤歴は30年（内12年間が東南アジア）。
F氏	SVP and CFO, Asia and Japan	アジア地域の財務責任者。前職は日本法人のCFO。1980年にアクチュアリー研修生として入社し，日本やアジア，再保険，資産運用，米国で上席ポジションを経験。アクチュアリー，ワーテルロー大学数学士。
M氏（女性）	SVP, Information Technology, Asia	2004年以来現職であるIT責任者を務めている。香港在勤でマニュライフに20年以上の勤務歴がある。前職は恒生銀行で銀行業務の後IT関連業務に移る。マニュライフにはSenior Systems Analystとして入社し，IT分野の上席ポジションを歴任。
Y氏	SVP and Chief Legal Officer, Asia	法務・コンプライアンス担当。法務経験23年（於ロンドンの大手法律事務所および国際的金融機関）。
W氏	SVP and Regional Executive for Malaysia, Philippines,	前職はベトナム拠点CEO。30年近い業界経験あり。ベトナムでの長年にわたる保険事業への貢献で2009年同国財務大臣表彰を受ける。

	Thailand and Vietnam	
B氏	SVP, Head of Regional Wealth Management, Asia	マニュライフ勤務は15年。それ以前はインドネシアのAIG生保企業で勤務歴がある。クイーンズ大学でMBA、ブリティッシュ・コロンビア大で学士号を取得している。

各国・地域の拠点長

国・地域	氏名（イニシャル）	略歴
日本	M氏	2012年8月就任。経歴情報不詳。
香港	H氏	2004年以来香港拠点の責任者。親会社執行役員を兼務、それ以前は台湾拠点の責任者（GM）。さらにそれ以前は香港（事業開発担当）、インドネシア拠点のチーフアクチュアリーなど。生保事業や年金コンサルタントとして28年以上のキャリアを有する。
中国	L氏	経歴情報不詳。
台湾	O氏	前職はAIAシンガポール（18年勤務）
シンガポール	K氏（女性）	2010年入社、金融・コンサルタント業界で20年の経験。オーストラリア、シンガポール在勤。前職は欧州系保険会社のマーケティング・戦略責任者（それ以前はCFO等も務めた）。
マレーシア	C氏	経歴情報不詳。
インドネシア	M氏	経歴情報不詳。
フィリピン	N氏	経歴情報不詳。
タイ	T氏	経歴情報不詳。
ベトナム	G氏	前フィリピン拠点長

3.2.3　AIA

(1)　概況

　1919年米国人であるC.V.スター氏（Cornerius Vande Starr）が上海に保険代理店を開業、1931年に現在の同グループの基幹企業であるAIA Co.がInternational Assurance Companyという社名（後にAmerican International Assurance Company, Limitedと改称）で設立され、上海で登記された。それから7年間で事業は支店形態でアジアの数ヶ国の保険市

場に拡大した（シンガポール 1931 年，香港 1931 年，マレーシア 1934 年，タイ 1938 年）。International Assurance Company は第二次大戦期の混乱を経て，1947 年東南アジアを主たる営業地域とする生保企業 AIA として本部を香港に移転した（中国（1949 年建国の中華人民共和国）での事業は 1950 年に中断している）。その後各国に拠点を拡大し，1992 年外資系保険企業として初の事業免許（支店形態）を中国（中華人民共和国）から取得し中国保険市場での営業を再開した。

現在，香港を本拠としてアジア太平洋の 16 ヶ国・地域で生保事業を展開している[13]。

他方，1939 年スター氏はグループの本拠をニューヨークへ移し AIG (American International Group) として世界的な生損保の保険企業グループとなった。

このように AIA は，米国 AIG グループの全額出資子会社であったが，AIG が 2008 年のリーマンショック後に米国政府による公的資金注入を受けたのに関連し，AIA 単独として 2010 年香港で新規上場を行い AIG グループから独立した保険企業となった（AIG は 2012 年 12 月までに保有株式の全てを売却した[14]）。

グループの中心は持株会社である AIA Group Limited であり，2014 年 12 月 31 日現在，連結ベースの総資産は 1,669.2 億ドル（20.0 兆円，1 ドル＝120 円換算），2014 年度の生命保険料等収入 170.5 億ドル（2.0 兆円：正味ベース），純利益（IFRS ベース）は 34.5 億ドル（4,140 億円）となっている。2,700 万以上の個人保険契約者，1,600 万以上の団体保険加入者を有し，香港やタイ市場でトップシェアの地位にある。AIA という社名・ブランドは，アジア地域の主要市場で広く知られた存在になっている。

同社グループの組織構造（2010 年時点）は図 3-17 のとおりである。それによれば AIA Group Limited（持株会社）の傘下の AIA（香港所在の保

13　AIA の 2012 年 9 月 27 日付ニュースリリースによれば，16 番目の市場参入としてスリランカの保険企業（Aviva NDB Insurance）の株式 92.3％を買収したと公表した。加えて，ミャンマーとカンボジアには駐在員事務所を保有している。

14　日本経済新聞電子版（2012 年 12 月 18 日）による。

表 3-10 AIA のアジア事業展開略史

1919	上海で保険代理業開始
1921	上海に保険会社を設立
1931	上海で保険会社（International Assurance Company: INTASCO）を設立，香港とシンガポールに支店を設置
1938	上記 INTASCO がタイに進出（生損保）
1947	INTASCO が本拠を香港に移転し，AIA（American International Assurance Company: AIA Co.）と改称，フィリピンで Philippine American Life and General Insurance Company（Philam Life）を設立
1948	マレーシアに進出
1957	ブルネイに進出
1972	オーストラリアに進出
1981	ニュージーランドに進出
1982	マカオに進出
1984	インドネシアに進出
1987	韓国で事業開始
1992	中国で，上海支店の設立により事業を再開（外資初の免許取得）
1998	上海拠点が第二次大戦以前に同社本部が置かれていた歴史的なビルに戻る
2001	インドで合弁企業設立
2008	マレーシアでタカフル事業の認可を取得（外資初）
2009	台湾事業を支店化，フィリピンの Philam Life を子会社化
2010	香港で株式上場
2011	米国で ADR 発行
2012	AIG による AIA 株式の全ての売却完了により AIG グループから完全に独立
2013	ING のマレーシア事業を買収，スリランカでの営業を開始，ミャンマーに駐在員事務所を開設
2014	シティバンクとアジア・太平洋の 11 市場で 15 年間の独占販売契約を締結
2015	カンボジアに駐在員事務所を開設

（出所） AIA 社ホームページより筆者作成。

険企業）が直接間接にアジア太平洋の支店と子会社群を所有・管理している。各国・地域の拠点の形態・所有構造は，シンガポール・香港・タイ・ブルネイ・ニュージーランド・マカオ・韓国・台湾・中国が支店形態，マレー

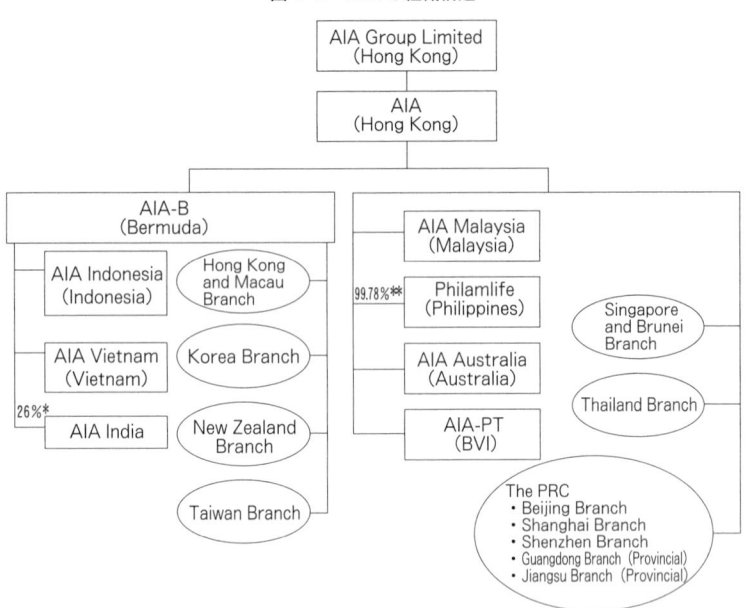

52　第3章　アジア生命保険市場で大きな影響力を有する有力外資企業3社の事例と特徴

図3-17　AIAの組織構造

```
                    AIA Group Limited
                       (Hong Kong)
                            │
                          AIA
                       (Hong Kong)
                            │
         ┌──────────────────┴──────────────────┐
      AIA-B                                AIA Malaysia
    (Bermuda)                               (Malaysia)
        ├─ AIA Indonesia      ─ Hong Kong    ─ Philamlife (99.78%**)
        │   (Indonesia)         and Macau       (Philippines)
        │                       Branch
        ├─ AIA Vietnam        ─ Korea Branch  ─ AIA Australia
        │   (Vietnam)                            (Australia)
        │
        ├─ AIA India (26%*)   ─ New Zealand   ─ AIA-PT
                                Branch           (BVI)
                              ─ Taiwan Branch
                              
                              ─ Singapore and Brunei Branch
                              ─ Thailand Branch
                              ─ The PRC
                                 ・Beijing Branch
                                 ・Shanghai Branch
                                 ・Shenzhen Branch
                                 ・Guangdong Branch (Provincial)
                                 ・Jiangsu Branch (Provincial)
```

（出所）　AIA（2010）15の173ページ記載の図を筆者が一部修正（図中の＊と＊＊以外はAIAの支店または全額出資の子会社である）。2010年10月時点での予定であり現時点で変更されている可能性あり。

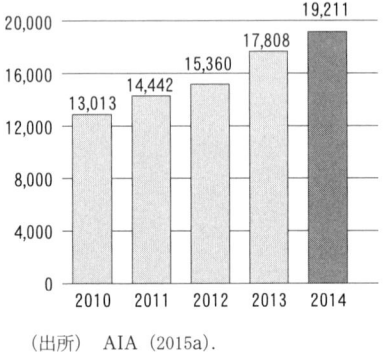

図3-18　AIAの生保保険料収入の推移（修正保険料ベース：百万米ドル）

年	金額
2010	13,013
2011	14,442
2012	15,360
2013	17,808
2014	19,211

（出所）　AIA（2015a）．

15　AIAが株式の新規上場を行った際の資料である。

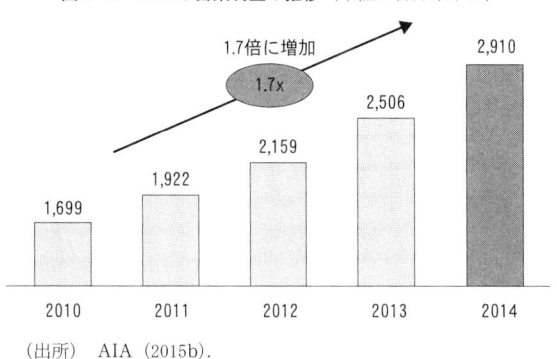

図 3-19 AIA の営業利益の推移 （単位：百万米ドル）

1.7倍に増加
1.7x

2010: 1,699
2011: 1,922
2012: 2,159
2013: 2,506
2014: 2,910

（出所） AIA (2015b).

表 3-11 AIA の国・地域別拠点概況と業績 （2014 年）

（金額の単位：百万米ドル）

国・地域	創業年	形態（出資比率）	保険料（修正保険料）	構成比（％）	営業利益（IFRS）	構成比（％）
香港	1931	支店	4,330	22.5%	905	31.1%
タイ	1938	支店	3,334	17.4%	544	18.7%
シンガポール	1931	支店	2,339	12.2%	429	14.7%
マレーシア	1934	現地法人100%	2,084	10.8%	280	9.6%
中国	1992	支店	1,786	9.3%	283	9.7%
韓国	1987	支店	2,205	11.5%	165	5.7%
その他計			3,133	16.3%	314	10.8%
（上記の内訳）						
インドネシア	1984	現地法人100%				
台湾	1990	支店				
ベトナム	2000	現地法人100%				
インド	2001	現地法人26%				
フィリピン	1947	現地法人99.78%				
ブルネイ	1957	支店				
アジア計			19,211	100.0%	2,910	100.0%

（出所） AIA (2015a).

シア・オーストラリア・インドネシア・ベトナムが全額出資子会社，フィリピンが 99.78％所有の子会社，インドが 26％所有（49％への増加を公表済み）の関連会社となっており，外資出資規制により少額出資となっているインドを除けば全額または非常に大きな出資比率を有する形で各地に進出している（他の外資企業が原則 50％の合弁形態とされている中国市場でも同社だけが唯一の大きな例外となっている）。この点につき，同社資料（AIA, 2010）には「先行して多くの市場へ参入したことが，ほぼ全て全額出資という事業拠点からなるネットワークを構築する上での歴史的な優位を与えた」と記述されている。

主要なアジア拠点展開の歴史は，1931 年シンガポール，香港，1934 年マレーシア，1938 年タイ，1957 年ブルネイ，1982 年マカオ，1984 年インドネシア，1987 年韓国，1990 年台湾，1992 年中国（営業再開，外資で全額出資は同社のみ），2000 年ベトナム，2001 年インドなどとなっている。

(2) 事業戦略

同社の戦略目標は，地域についての深い理解，多くの市場での主導的な地位，事業規模の大きさ，強力な販売網・商品のマーケティング能力，強固な財務力をベースとしてアジア太平洋の生命保険市場において優れた保険企業として存在することとしている。具体的な戦略項目は以下のとおりである。

① 専属エージェントチャネルの強みの継続的強化
② マルチ販売チャネルの拡張
③ 広範な顧客基盤を活用したクロスセリング（他種目の重ね売り）と保険および金融関連の様々な商品の提供
④ 高収益な商品の販売ウェートの増大化
⑤ 中国・インド市場での事業機会の最大化
⑥ 事業の合理化・経費の低減を可能にする事業効率化の推進
⑦ 従業員への権限移譲の推進（「Be an employer of choice」と称し現場決定権を強化するために人的資源の開発やリーダー育成などに注力している）

(3) 保険商品の動向

　経済発展や規制環境の異なる各市場で顧客の様々なニーズに応えるために様々な商品を販売している。主なものは個人や団体向けの生命保険（定期保険，無配当保険，ユニバーサルライフ保険など），投資型保険，医療・健康保険，年金である。マレーシアではイスラム保険（タカフル）について外資企業として初の認可を取得し販売を行っている。

　地域本部には，「商品開発グループ」があり，それは「戦略マーケティング」（Strategic Marketing），「ターゲット・マーケティングおよびカスタマーリレーションシップマネジメント」（Target Marketing and Customer Relationship Management），「商品管理」（Product Management）の3つのチームから構成される。同社はアジア太平洋地域での長年にわたる営業で蓄積した固有の情報データベースを保有しており，「商品開発グループ」は新商品の開発や商品のリスク面の分析を所管している。また商品の価格設定（Pricing）は同本部の「数理グループ」（Actuarial Group）によって新商品および既存商品が，収益性，資本効率，持続性等の観点から管理されている。

(4) 販売チャネル別の動向

　同社の販売チャネルの中核は1931年以来展開されている専属エージェントであり，26万人規模になっている。それらエージェントは各地で対面販売により数多くの顧客に数多くの種類の保険商品（複雑でより収益性の高い商品を含む）を販売し各種サービスを提供している。2008年時点で香港，シンガポール，タイでは，各市場全体のエージェント数の内AIAが保有するエージェントが約15％を占めている[16]。また2009年8月時点で1,300名以上が世界の保険業界での優秀保険販売者と見なされる百万ドル円卓会議（Million Dollar Round Table：MDRT）のメンバーになっている。

　エージェント管理はグループとしての基本戦略を地域本部が所管し各拠点

---

[16] AIA（2015a）による。

は日常的なエージェントの活動の監督・育成・支援，新人の採用などを行っている。現在そのレベルアップのために「Premier Agency」と称した取組みを行っている。

エージェントに加えて，新たな顧客層へのアクセスの拡大や顧客のニーズ・利便性への対応という観点で，銀行による保険販売（バンカシュアランス[17]）やブローカー，ダイレクトマーケティングによる販売も行っている。

(5) ブランド力の強化

同社はアジア各市場での長い営業の歴史により各地で高いブランド認知度があるが，2009年に新たなロゴを制定し「We are AIA」としてキャンペーンを実施した。その重要な目的はAIGグループ（2008年のリーマン・ショック後に米国政府から公的資金の注入を受けた）からの独立志向を示すものであったと推量される。その後もブランド強化の施策に取り組んでおり，複数の著名ブランド表彰を受けている。

(6) グループ持株会社の役員等の構成

a．取締役の総数は8名で，その内業務執行役員はCEOであるタッカー氏（Mark Edward Tucker）のみである。それ以外の取締役7名は，同社のCEOを26年間務めアジア生保業界における著名な人物であり世界保険殿堂（the Insurance Hall of Fame）入りもしているエドモンド・ツェー氏（Edmond Sze Wing Tse）や中国の重要機関である政治協商会議の常任委員経験者など各界の重鎮である。

b．業務執行役員

---

[17] 2014年にシティバンクとアジア・太平洋の11市場での15年間の独占販売契約を締結していることがその代表例である。

表 3-12　業務執行役員と各国・地域の拠点長のリスト（2013 年 3 月時点）

氏名 (イニシャル)	役職	略歴
T 氏	Executive Director and CEO	2010 年 AIA 入社。プルデンシャルに 1986 年に入社しアジア部門で総責任者等として 13 年間従事（1994-2003 年 Chief Executive, Prudential Corporation Asia（アジア統括会社））、アジアの各拠点を構築・強化し、2005 年親会社（本拠英国）の CEO に就任。2009 年同ポジションを退任後、2010 年に AIA トップとなる（香港在住）。公認会計士資格を保有。1980 年英国リーズ大学卒。会計士資格保有。
J 氏	Executive Vice President and Group Chief Finacial Officer	財務責任者。2011 年入社。元プルデンシャル出身。前職は中国の大手保険会社である中国太平洋保険グループの生保企業の執行副社長であった。アクチャリーである。
W 氏	Executive Vice President and Rigional Chief Executive	香港、マカオ、韓国、フィリピン、オーストラリア、ニュージーランド、企業ビジネス担当。2011 年入社。元 AIG 出身でアジア地域を含め 25 年の勤務歴がある。
G 氏	同上	シンガポール、ブルネイ、マレーシア、中国、台湾、IT・事務担当。2010 年入社。それ以前は、AIA、プルデンシャルに勤務の後、シンガポールの大手保険企業である Great Eastern の経営トップであった。アクチャリーである。
P 氏	同上	タイ、インドネシア、ベトナム、インド、M&A 担当。2010 年入社。プルデンシャル出身。前職はシンガポールの金融会社の執行副社長。マニュライフでの勤務経験もあり。アクチャリーである。
W 氏	Executive Vice President and Group Chief Investment Officer	投資担当。1993 年入社。19 年間の Bank of America での勤務経験を有する。
L 氏	Executive Vice President and Group Chief Ditribution Officer	販売網担当。2010 年入社。前職は英保険大手 Aviva の東南アジア責任者であった。それ以前はプルデンシャルでアジア各地の拠点長などを務めた。
K 氏（女性）	Executive Vice President and Group Human Rsources Director	人事担当。2011 年入社。前職はフランス大手保険企業 AXA の人事責任者（アジア拠点担当を含む）。それ以前はプルデンシャルでアジア地域の人事責任者を務めた。

58　第3章　アジア生命保険市場で大きな影響力を有する有力外資企業3社の事例と特徴

P氏	Executive Vice President and Group Head of Business Strategy	事業戦略担当。2010年入社。前職はコンサルティング企業Bain&Companyで金融業担当（特にアジア生保が専門）のシニア・パートナーであった。
B氏	Executive Vice President and Group Chief Marketing Officer	マーケティング・広報担当。2011年入社。前職は米Metlife International（旧ALICO：AIG系アジア生保企業）のマーケティング担当。それ以前はGE MoneyやBarclaysに勤務していた。
N氏	Executive Vice President and Group General Counsel	法務担当。2011年入社。前職はマニュライフ・アジア本部の法務責任者でSenior Vice President。弁護士。

（注）　上記の役員は1名を除き2010－2011年にAIAに入社した者であり，内プルデンシャル在籍経験者が6名，アクチュアリーが3名，会計士1名，弁護士1名，経営コンサルタント出身1名など専門スキルを有する人材の集団となっている。

各国・地域の拠点長

国・地域	氏名 （イニシャル）	略歴
香港	C氏	経歴情報不詳
中国	C氏	同上
韓国	H氏	同上
シンガポール	J氏	同上
マレーシア	S氏	同上
タイ	O氏	同上
インドネシア	G氏	前マニュライフ（ベトナム拠点長およびフィリピンの拠点長），それ以前にはAIGに19年の勤務歴がある。
フィリピン	M氏	前職はフィリピン大手企業だが，それ以前はAIAフィリピン拠点で上席役員等20年以上の勤務歴がある。
インド	S氏	経歴情報不詳
ブルネイ	C氏	経歴情報
オーストラリア	C氏	前インドネシア拠点長
ニュージーランド	B氏	経歴情報不詳

　AIGグループの経営トップとして長期間君臨したグリーンバーグ氏，および，AIAにおいて長らくトップの地位にあったエドモンド・ツェー氏（現在は会長職にある）のリーダーシップや国際的に幅広い人脈はAIAの戦

略・取組み,企業風土や文化の形成において大きな影響を与えていると考えられる。一方,2011年にCEOに就任したタッカー氏は,プルデンシャル時代にアジア市場の開拓で業績を挙げ,その後親会社(持株会社)のCEOに就任した人物である。そのタッカー氏を含めプルデンシャル経験者の役員が多くを占める経営陣によってAIAの経営や企業風土・文化のありようがどのように変化していくかは興味深く注視すべき点であると思われる。

3.2.4　3社の特徴的な取組み事例

以上3.2.3では3社について,その歴史,戦略,組織・人事や事業活動等についての特徴や要点について述べた。それに続く本項では,本書における理論的な考察を深める上で有用と考えられる典型的な2つの取組み事例について述べることとしたい。

(1) 重要な市場の開拓への取組みの典型例としてのインドネシア事業について(プルデンシャルとマニュライフについて)[18]

アジア生保市場開拓の典型事例として,近年注目度が高まっているインドネシア市場についての取組みには,外資有力企業の競争優位や強み(人事マネジメント,商品開発,販売網やIT・事務処理体制の拡充,地域本部やグループ他拠点による支援など)が具体的に表れていると考えられる。以下ではプルデンシャルの事例を中心とし,併せてマニュライフについてその特徴点等について補足的に述べることとする(以下の記述において特記のない限りはプルデンシャルについての記載である)。

　a. インドネシア拠点の経営全般に関する特徴(2013年3月時点の情報による)
　(a) 企業の概況
　① インドネシアにおけるプルデンシャルの拠点企業(PT Assuransi

18　本項は,主にPCA(2004, 2006bと2011d),Prudential(2014b)およびMFC(2012dと2012e)に基づいている。

Prudential) の設立は 1995 年と相対的に新しい（マニュライフは 1985 年）が，短期間の内にアジア地域本部や他国に所在する拠点やグループ内の関連企業の支援・協力といった企業の総合力を活用しての集中した取組みにより急速に業容を拡大し，黒字化と現金配当の送金[19]を実現しており，一貫した方針の下，戦略を実行[20]し成果を挙げている。現在は，インドネシア生保市場におけるリーダー企業となっており，2014 年上半期のマーケットシェア（修正新規保険料ベース）は 25%[21]，特に投資型保険（Investment Link Product）とタカフル（イスラムの教義に沿った保険）分野で強みがあり，後者のマーケットシェアは 36%（同社の保険料収入全体に占めるタカフルの構成比は 11%）となっている。同社のアジア地域拠点の中で最大である 21.9% の保険料構成比[22]を有する重要拠点としての位置づけを有する。1997-98 年のアジア通貨・金融危機によってインドネシア経済が大きなダメージを受けた時期には相当数の外資企業が撤退や業務縮小を行ったが同社が継続して事業の発展を志向し業界での主導的な地位を確立したことは粘り強い戦略実行の取組みの成果であると考えられる。なお，後発参入の不利を払拭するためのブランド認知度の強化のため広告宣伝や CSR 活動などに注力し，短期間にブランド認知度で業界首位となっている。インドネシアの生保企業については，1912 年創業の地場名門企業（Bumiptera 1912 社）が長期にわたり業界首位のブランド認知度を誇っていたが，それを短期間に凌駕した[23]。

② 2014 年 12 月時点で，従業員 1,972 名，エージェント 226,700 名，保険契約数 320 万件，預資産 24.5 億ポンド（4,655 億円，1 ポンド＝約 190

---

[19] 2001 年に黒字化，2004 年以来配当送金を実施している。
[20] この点に関し，1997-98 年のアジア通貨・金融危機時にインドネシア経済が大きなダメージを受けた際に複数の外資生保企業が撤退や業務縮小したのに対し，プルデンシャルは着実に業容の拡大を図った。
[21] 第 2 位の企業であるアクサ（AXA）のシェアは 11%。
[22] 2011 年度年払換算保険料ベース。
[23] 2007 年時点のブランド認知度調査の結果は，首位の Bumiptera 1912 社が 76%，2 位のプルデンシャルが 74% まで迫っており，その後トップになったと推量される。

円換算)となっている。

③ 2011年11月時点で,経営陣は,CEO兼社長(President Director)であるクアン氏(William Kuan)以下9人の幹部から構成されている[24]。それらは,平均して15年の保険業界経験と10年のプルデンシャル社での勤務経験を有しており,また多くのインドネシア人を含む全員がアジア人材と推量され,拠点幹部人材について現地化とグループ内部での育成・昇格が進んでいることが分かる。

他方,マニュライフは,1985年の進出以来着実に拠点を拡大しており,1997-98年のアジア通貨・金融危機で同国から複数の外資企業が撤退した際にはそれらを買収して業容を拡大させた。さらに生保事業に加えて資産運用事業においても市場での地位を高めている。マニュライフのインドネシア拠点トップであるベンドル氏(Chris Bendl)も,以前のAIGインドネシア拠点における勤務経験も含めて同国での長い勤務歴を持っている。

生保のマーケットシェアやマーケティング環境については,図3-20に見

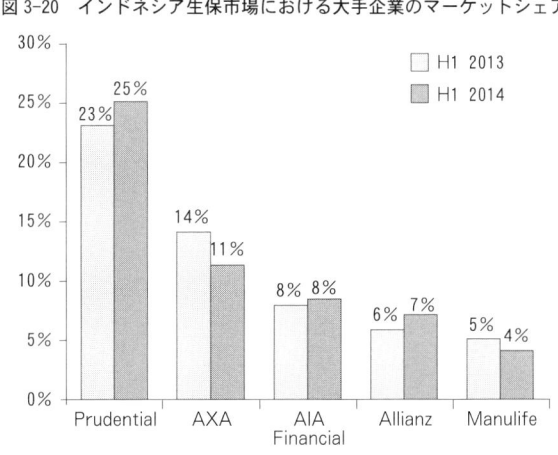

図3-20 インドネシア生保市場における大手企業のマーケットシェア

企業	H1 2013	H1 2014
Prudential	23%	25%
AXA	14%	11%
AIA Financial	8%	8%
Allianz	6%	7%
Manulife	5%	4%

(注) 2014年上半期の修正新規保険料による。
(出所) Prudential (2014b).

---

24 2014年12月時点では,社長のRinaldi Mudahar氏以下幹部は11名体制となっており,それぞれが財務,マーケティング,商品開発,事務管理,法務,人事,数理など各部門の責任者である。

られるようにプルデンシャルはじめ外資の有力企業が信用力・財務力の点での優位性を活かして市場で大きなポジションを占めている（プルデンシャルのシェアは 2014 年上半期時点で 25％ となっている）。

(b) 商品・販売網

生保商品について同社など外資企業の多くは相対的に投資型保険のウェートが大きく，近年は健康・医療保険や富裕層向けの投資信託や年金の販売にも注力している。後述するイスラム保険も重要である。販売網はエージェントが中心であり，近年バンカシュアランスが増加している。

上記の点は，マニュライフも同様の傾向であるが，既述のとおりマニュライフは同国の大手銀行の 1 つであるダナモン銀行（Bank Danamon）と 10 年間の 2 社間の排他的な販売契約を締結しており競合社に対する優位としてその成果に大きく期待している。

(c) プルデンシャル・インドネシアにおける重要な取組みの事例
① 2001 年，GA（General Agency：総代理店制度）を開始，同制度の導入は自前で店舗を持ち人員を配置するのに比べて経費の変動費化による効率化があり，カバーする地域の拡大や規模の利益の早期実現に貢献している。
② 2001 年に黒字化を実現，2004 年以来アジア本部への配当送金を行っており，安定的に利益を創出できる収益構造となっている。
③ 2006 年より高度なエージェント教育を実施するための PruSales Academy という社内研修体制をスタートしている。
④ 2007 年にタカフル（イスラム教の教義に沿った保険）を発売し以来同保険の販売で業界リーダーとなっている。また同年には，バンカシュアランスでシティ・バンク（Citibank）との戦略提携をスタートした。上記に加えて，IT の積極的な活用により販売網・事務処理の生産性向上を図っている。
⑤ 営業地域の拡大：1995 年の開業から短期間に，17,508 の島嶼にまた

表 3-13　広大な市場のカバーエリアの拡大状況（1995 年と 2014 年上半期の比較）

1995 年		2000 年		2014 年上半期時点	
販売拠点数	3	販売拠点・エージェント拠点数	14	エージェント拠点数	371
エージェント総数	251	エージェント総数	1,526	エージェント総数	226,662
内エージェント	247	内エージェント	1,385	内エージェント	213,940
リーダー層	4	リーダー層	141	リーダー層	12,722
営業都市数	1	営業都市数	10	営業都市数	152

（出所）　Prudential (2014b).

がる 33 州に及び文化的差異も大きい国土を業界最多のエージェント・ネットワークでカバーしている。

エージェント拠点数は，表 3-13 に見られるように 1995 年の 3 ヶ所（1 都市）が，2014 年上半期には 371 ヶ所（152 都市）に，エージェント数は 251 人から 22.7 万人に大きく増加している。

この点に関し，マニュライフも同国の大都市に次ぐレベルの都市への進出を企図しており，先行者として市場で優位性を持つ両社は国内における発展が期待できる地域への早期参入と地域市場のカバーを狙っていると考えられる。

(d)　業績の推移

表 3-14 のとおり保険料収入，利益，総資産，エージェントや顧客数は顕著に増加している（1 ルピア＝約 0.0086 円である）。

利益が著増している大きな要因は，将来の保険金支払いのための責任準備

表 3-14　プルデンシャル・インドネシアの業容拡大

（金額の単位：百万ポンド）

	2008 年	2013 年	2008-2013 年の年平均成長率
年払換算保険料	160	399	20%
新規契約保険料	92	401	34%
利益（IFRS）	50	249	38%
預資産（AUM）	461	2,128	36%

（出所）　Prudential (2014b).

金の積立負担が相対的に小さい投資型保険を中心とする新規契約の伸びと契約の増加・蓄積により資産運用に充てられる保有資産の増加である。さらに解約・失効の抑制，経費・保険金支払のコントロールも業界トップ水準の利益率の確保に貢献している（マニュライフも20年間以上黒字を継続している由である）。

b. 主要な部門・機能分野別の特徴点
(a) エージェント販売チャネルにおける優位性：生産性が高い販売網の拡大
① 新規の採用に注力し業界最大のエージェント数（業界の55％のシェア）を構築した（早期にクリティカルマスに達し規模の利益を得ることを目指した成果であるとしている）。
② 総代理店制度（General Agency: GA）の導入により広域市場をカバーする販売網の効率的な増強に寄与（経費の変動費化，エージェントへの経営マインドの醸成等の効果のメリット）している。ⅰ PRU Sales Academyと呼ばれるエージェントに対する研修制度の充実による行動・業績管理の重点化で生産性，実働率と専門性の向上を実現，さらに上位者には専門性を向上し資格の取得を支援するため社内外の機関での学習機会を与えている。ⅱ IT技術（Sales Force Automation, e-learningなどというシステムがある）を活用しコミュニケーション（知識・情報の共有化等）の改善，顧客ニーズに基づく販売・内部の管理体制の強化を実現している。ⅲ インドネシアにおけるエージェントに関する規制・ルールの変化に積極的・主体的に対応しその恩恵を享受。政府・生保協会（業界団体）と良好な関係を保有しそれらに対して影響力も与える。以下はその具体的な事例である。

<エージェントの登録に関する積極対応の事例>
① 背景：2010年1月時点で政府による新ルールが導入された（エージェントは保険販売を開始する前に完全なライセンスを保有すべき（それまでは，半年間のみ有効な暫定ライセンスが許容されていた）。② 競争優位を構築するための積

極的な対応：新ルールに先立ち，インドネシア生保協会と協働しエージェント・ライセンス取得の電子的試験（eテスト）制度を開始，ライセンス取得期間を2-3週に短縮化（業界平均は8-10週），2009年時点で同種制度の保有は同社のみであった。③エージェント数の業界における同社シェアは2009年の45%，2011年9月末に55%に拡大している。④インドネシア拠点を挙げての教育キャンペーンを開始し，ライセンスを保有するエージェントからのみ保険加入するよう促す政府方針を支援した。

マニュライフも，地場企業と比べて質の高いエージェントの育成に重点を置いており，2010年1月の新ルールの導入についても業界最速のタイミングで対応したとしている。

(b) 銀行等提携関係による販売チャネルの拡大戦略の推進：エージェント・チャネルの強固な基盤をベースとして，それに次ぐ有力販売チャネルの構築に注力している。

① バンカシュアランスの拡大に注力：同チャネルのシェアは2011年1－9月期は年払換算保険料の7%（前年同期比139%）と2007年の1%から増加している。

② 新規販売提携先の増加とその成果により保険販売先の拡大や顧客へのアクセスが増加した。さらに2007年からコールセンターをスタートさせ，業界初のダイレクトメールによる販売関連サービスの提供や提携チャネルによる販売の支援などを行っている。

一方，マニュライフは富裕層を狙った投資信託の販売を行う直販チャネルを構築している。

(c) イスラム保険（タカフル）は先行者利益を享受し同社の重要な成長機会となっている（現地化した商品の提供）。

2007年に販売を開始し，同社のエージェントの規模と広大な国土を広くカバーする地理的な基盤を活用し急速に拡大している。その結果として，同社のイスラム教徒の顧客層が拡大している（イスラム教徒の顧客の比率は

2006年の26％が2010年には41％に増加している）。

(d) 優れた商品の開発・投入
① 投資型商品（ILP: Investment Link Product）と健康・医療保険商品で業界をリードしている。
　　投資型保険は1999年の販売開始以来，同社の売上と利益の大きな源泉になっている。9種類の運用成績に優れたファンド（通常型6，イスラム金融型3）での運用が可能になっている。
② 健康・医療保険分野の重大疾病早期保障特約は発売以来の2ヶ月で新規契約の30％に付帯され普及が進んでいる。同じく複数重大疾病特約，病院に対する治療費の現金払い特約，などは同社がインドネシア市場でいち早く導入した。
③ プルデンシャルとマニュライフはじめ有力外資企業の強みは，金融や社会保障の水準，少子高齢化や都市化が進んだ先進諸国やアジア域内の他の市場での経験やノウハウ，保険・年金商品，金融商品をインドネシアの顧客ニーズに応じて提供できることであると考えられる（社会保障制度の改革が実施される中，健康・医療保険や年金保険分野での事業機会が増加している）。

(e) 充実した顧客サービス：顧客および販売網への優れたサービスの提供
① 顧客130万，契約170万で契約の維持率は90.1％（2011年1－9月期）と高水準にある。
② サービス水準の改善努力と新たな付加価値のある以下の新サービスを導入している。
・PRU hospital friend：顧客の入院手続きや照会対応を行う要員を配置
・PRU access：顧客からの照会へのオンラインポータルサイトや携帯電話での申し込み対応を実施
③ 上記取組みの結果として，数多くのサービス品質の優秀性に関する賞や顧客サービスに関する最優秀賞を受賞（プルデンシャル・インドネシ

ア社として，2011年に各種の表彰で21の最優秀賞を受けている。）

(f) 事務処理等オペレーションの面での優位：優れたサービスで事業の成長を支える体制の整備・強化
① 月平均5万件の契約処理実績（2006年から2011年9月末までに3.7倍に増加）
② 高度なITの活用で処理能力の増強と最上級のサービス水準の提供を実行
・自動契約審査と契約データのバーコード読み取り
・最前線拠点での契約内容スキャニングと作業フロー管理体制
・電子的契約申し込み
③ 非コア業務の外注化の推進
④ 技術・ソフト面のスキルの継続した強化
⑤ IDC Financial Insight誌（IT業界誌）より，アジア全域を対象とするFinancial insights Innovation Award for innovation in Business Process Managementという表彰を受賞

c. グループのシナジーや各種支援の享受の例（本部・各拠点の連携の成果）
(a) 投資型保険の商品開発に当たっては，アジアの他の拠点でのベストプラクティスや商品設計を参考にした。
(b) 資産運用ではグループ内の専門企業であるPrudential Asset Management SingaporeとPrudential Funds Management Bhdに委託を行っている。
(c) シティバンク（Citibank）との生保販売提携（当時）はアジア域内全体としての包括的な提携関係である。
(d) イスラム保険商品の開発や導入には，在マレーシアのグループ企業であるPruBSN Takaful（イスラム保険専門企業）の支援を得た。
(e) 人事面ではアジア地域本部における多様な人材プールを活用している。
(f) 内部事務処理・管理システム（Life Asia）とエージェント関連のシ

ステム（SFA System）の構築には在マレーシアのIT関連のグループ企業であるPrudential Services Asia社の支援を受けている。

(g) 法務・コンプライアンス面ではアジア地域本部による支援を受けている。

(2) 市場への早期参入による先行者利益享受の典型例としてのAIA中国のケース（2013年3月時点の情報による）

AIAはアジア各市場への参入の長い歴史を活かして，26％（当時，現在49％）の外資規制が存在するインドと99.78％出資のフィリピンを除くすべての市場で支店や全額出資の子会社という自社の経営コントロールが完全に効く参入形態の権利を保持しており，中国・マレーシアなどで外資出資規制の例外となっている。本書で取り上げた他の2社も複数の国で外資規制の例外的な取り扱いを享受しており，多くが全額出資または過半出資となっているが，それら2社と比較しても，出資規制の観点でのAIAの先行者利益享受のメリットの大きさは大きいと考えられる。以下では，外資系生保企業として唯一支店形態（マニュライフは51％，プルデンシャルは50％出資の合弁形態）が認められている中国の事例について紹介する（本項は，伊藤博氏の業績（伊藤，2010および2015）に依拠しその要点をまとめたものである）。

同社は1992年に他の外資企業に先立って免許を取得，かつ他に例を見ない単独出資（支店を含む）という条件での進出を認められている。その理由と考えられる事項は伊藤（2010および2015）に詳述されているが，要点は，1919年の中国への初進出以来の事業活動の歴史・実績と，1972年のニクソン米大統領の訪中直後からの中国政府，業界関係者および米国政府との関係構築による人脈形成といえる。それには1980年の中国人民保険公司（国営保険会社）とのバミューダでの合弁企業（中美保険公司）の設立など保険分野での協力，地方政府との関係作り，中国通のコンサルタントを起用しての取組み，中国に対する積極的な投資活動（1990年の「上海商場」（ホテル・事務所・商店・展覧会場・劇場の複合施設が代表例）や中国のインフラ整備資金の調達への協力（1994年・98年のAIGアジアインフラ基金Ⅰ・Ⅱ），復旦大学や中山大学へのアクチュアリーセンターの設立等保険数理教育の支

援など教育活動にも積極的に関与している。

このような取組みの成果とも推量されるが，同社は中国における外資生保企業の中で大きなポジション（2011年の保険料収入で21.2％のシェア，これは中国における地場企業を含む市場全体でも12位の0.9％の位置づけ[25]である）を獲得・維持している。

3.3　3社の事業展開・経営の特徴[26]

(1)　長いアジア地域での営業の歴史と先行者利益の享受

アジア地域での事業開始は，マニュライフが1897年，AIAが1919年，プルデンシャルが1923年と早く，企業名・ブランドの認知も含めた営業上の優位のみならず上記のAIAの中国でのいち早い免許取得や唯一の例外としての支店形態での参入の事例のような特権的メリットの享受も，現地における長期間の事業活動による組織学習や官民等における人脈構築等の成果であると推量される。また中国ではマニュライフも過半の51％出資が例外的に認められている。さらに3社はマレーシア・タイなどでも外資出資規制（それぞれ70％，49％である）の例外が認められている。AIAは株式上場目論見書（AIA，2010）において「先行して多くの市場へ参入したことにより，競合社が追随困難な所有構造[27]や事業インフラを確立する上での歴史的優位を与えられ，かつ，各国での保険事業のパイオニアとして貴重な経験を得，多くの保険市場の発展に貢献してきた」と述べている。3社は既に

25　プルデンシャルとマニュライフも中国市場の外資系企業の中では保険料シェアで4位と7位という上位を占めているが，そのシェアはAIAの21.2％と比べるとプルデンシャルが8.9％，マニュライフが6.0％と僅少である。さらに3社は2011年時点で外資企業で7社しかない黒字企業であるが，AIAが支店形態であり利益の全てを享受できるのに対し，他の2社は合弁企業のためプルデンシャルは50％，マニュライフは51％が自社持分の利益である。

26　本節では，統計数値は極力アップデートしているが，論考は基本的に2013年3月時点の内容である。また，3社はいずれも世界的に有力な保険グループであるが表3-15の世界ランキングにおけるポジションに比べアジア地域での地位が非常に高いことがわかる。

27　ほとんど全ての拠点で全額出資での参入が認められている。

表 3-15 世界の主要保険企業ランキング
＜株価時価総額ベース（2014 年 7 月 31 日時点）＞（単位：億円）

	企業名	本拠国・地域	金額
1	バークシャー・ハサウェー	米国	318,176
2	アリアンツ	ドイツ	77,644
3	AIG	米国	77,339
4	中国人寿保険	中国	76,505
5	AIA	香港	66,894
6	中国平安保険	中国	63,193
7	プルデンシャル（英）	英国	60,946
8	メットライフ	米国	60,892
9	アクサ	フランス	57,308
10	ING	オランダ	51,758
11	チューリッヒ	スイス	44,757
12	プルデンシャル（米）	米国	41,325
13	マニュライフ	カナダ	39,068
14	ミュンヘン再保険	ドイツ	37,692
15	ACE	米国	34,561
16	ジェネラリ	イタリア	33,499
17	スイス再保険	スイス	32,489
18	中国太平洋保険	中国	32,341
19	トラベラーズ	米国	31,230
20	BB セグリダーデ	ブラジル	30,002
21	グレート・ウェスト	カナダ	29,959
22	SAMPO	フィンランド	28,678
23	アフラック	米国	27,903
24	オールステート	米国	26,054
25	AVIVA	英国	25,773

（出所）ブルームバーグのデータより筆者作成。

<2013年正味保険料ベース>

2013年ランキング	2012年ランキング	会社名	本拠国	2013年正味保険料（千ドル）
1	1	AXA S.A.	France	110,778,705
2	2	UnitedHealth Group Incorporated	United States	109,557,000
3	3	Allianz SE	Germany	92,947,768
4	4	Assicurazioni Generali S.p.A.	Italy	83,614,441
5	7	Munich Reinsurance Company	Germany	68,019,427
6	13	WellPoint Inc.	United States	66,020,800
7	9	China Life Insurance (Group) Company	China	62,792,381
8	10	State Farm Group	United States	60,384,279
9	5	National Mut Ins Fed Agricultural Coop	Japan	59,479,424
10	12	Kaiser Foundation Group of Health Plans	United States	58,728,239
11	6	Japan Post Insurance Co. Ltd	Japan	57,482,869
12	14	Prudential plc	United Kingdom	49,215,740
13	15	Zurich Insurance Group Ltd	Switzerland	48,303,000
14	11	Nippon Life Insurance Company	Japan	47,265,239
15	21	People's Ins Co. (Group) of China Ltd	China	44,626,093
16	17	Dai-ichi Life Insurance Co. Ltd	Japan	42,348,212
17	⋯	Aetna Inc.	United States	41,836,600
18	24	Ping An Ins (Group) Co of China Ltd	China	40,600,383
19	18	Life Insurance Corporation of India	India	39,616,318
20	22	Humana Inc.	United States	38,829,000
21	20	American International Group Inc.	United States	38,041,000
22	19	MetLife Inc.	United States	37,674,000
23	23	Berkshire Hathaway Inc.	United States	37,210,000
24	⋯	CNP Assurances	France	36,202,268
25	16	Meiji Yasuda Life Insurance Company	Japan	35,392,945

（出所）AM Best (2015).

進出した国において首都などの大都市への展開に加えて地方の都市への進出を行っており同国内での先行者利益の享受を狙っているものと推量される。またカンボジアは多くの産業分野の企業から新規参入ターゲット国としての注目度が上がっているが，マニュライフとプルデンシャルは既に外資企業の先頭を切って全額出資の現地法人での進出決定を公表している。新規市場への参入に関し，プルデンシャルは投資家に対するプレゼンテーションにおい

て「多くの市場へのプレゼンスがあるだけでは意味がなくビジネスモデルのあり方が重要」としている。既に多くの市場で多くの既存契約を保有し収益が確保しうる地位にあることが，積極的な先行投資の取組みや，事業の質にウェートを置いて自社の方針に沿った経営が明確に志向できるベースになっていると考えられる。他方，多くの後発社にとっては先ず市場に参入するということの意義がより大きいとの印象があるが，後発社にとって競争が激化する環境化での収益確保はより厳しいといえよう。例えば，バンカシュアランスでは，多くの保険企業が売上高の増大を狙って，収益性が低いシンプルな内容の商品の販売と，提携銀行に対する高めの手数料支払いによって厳しい事業環境を経験しているが，本書の3社の場合には，エージェントによる安定的な収益基盤があるため，銀行提携も選別的に行え，有力行と長期にわたる独占販売契約を締結するなどにより，収益性の高い販売体制の構築へのシフトが可能になっているものと推量される。このように戦略が明確で，中核となるビジネスモデルを保有し，自分の得意な土俵で勝負できるところに3社の強みがあるといえる。

　一般に外資企業の弱みとされる社名・ブランドの認知度や現地人脈は，3社については進出の歴史も長いために他の外資企業よりもはるかに優位にあると考えられるが，各社ともに販売網を支援し業績を拡大することや有能な人材を採用するために重要なものと認識し積極的なブランド力強化の取組みを行っている。例えばプルデンシャルのインドネシア拠点では，集中的なブランド浸透の取組みにより，15年間余りの短期間で，創立から約100年の歴史を有する地場有力企業（Bumiptera 1912社）を凌駕する高い認知度を達成している。AIAも同社の認知度の高さに自信を持っており，リーダーズダイジェスト社のMost Trusted Brand表彰において8年連続で金賞を受賞しているとしている[28]。またマニュライフも近年ブランド力強化のために予算を増やして取組んでいる。また3社ともに災害時支援，教育，健康，環境などの分野で各国における社会貢献活動（CSR）に注力しており，企

28　AIAの2011年度アニュアルレポート（AIA, 2012a）より。

業・ブランドの認知や企業イメージの向上に寄与している。

(2) 単独出資またはメジャー出資志向

　3社ともにその志向が強く，自社による強力な経営のコントロールを意図していると考えられる。それには，合弁形態での事業運営の難しさやデメリットについての過去の経験や認識に因るところが大きいこと，市場理解，ノウハウ，有能な人材を保有しており，自らが責任をもって経営が実行でき，成果を挙げられる自信を持っていることが大きな要因になっていると思われる。中でも，AIAはその進出国・地域15中，26％の外資制限を課しているインドを除いた14ヶ国・地域で全額出資（単独出資）またはそれに準じた大きな出資比率（フィリピン99.78％）での出資となっている。3社の新規市場への参入に当たっての基本方針は，先ず自前で全額またはそれに近い出資シェアを保有することにより自社の経営方針・戦略やビジネスモデルに沿って策定・実行することであると考えられる。

(3) アジア地域の収入・利益の企業（グループ）に対する貢献度の大きさ

　プルデンシャルは，2014年度において新規保険料（年払換算ベース）の48％，営業利益（IFRSベース）の36％をアジア地域から挙げている。さらに2006年からは親会社（在英国）への現金配当を開始し，その規模は2014年で4億ポンド（760億円）に増加している。マニュライフも2014年度において収入保険料の56％，基礎利益の33％がアジアからのものとなっている。（因みにAIAはアジア太平洋地域のみで営業を行っているため，アジア地域が収入・利益面のほとんど全てを占める）。一方，世界的に有力な他の保険企業も近年アジア地域での事業活動を拡大しているが，保険料収入全体に占めるアジアの割合は未だ小さい（例えば，3社同様，国際的に有力な保険グループであるアリアンツ（ドイツ），AXA（フランス）については，アジア地域のグループ全体の収入に対する割合は，それぞれ5％，8％と僅少である）。

　3社における収入・利益の両面でのアジアのウェートの拡大は各社におけ

るアジア市場の成長性に伴う貢献度の高まりと期待・重要度の大きさをより明確に認識させることになり，経営資源の積極投入やアジア地域本部・拠点への権限委譲の拡大につながっているものと考えられる[29]。因みに，外資出資規制があり，その国内拠点の増加においても事実上のハンディキャップがあるとされる中国市場では，地場保険企業のシェアが非常に大きく外資系企業の保険料シェアは2011年で4.2%に止まっている（片山，2012）。その結果として，外資系生保企業25社中7社しか純利益を計上していないが，本書の3社はいずれも黒字化を達成している。

(4) 専属エージェントを中核基盤としつつその他の販売チャネルを拡大

3社は地場企業の知識・能力水準を超える専属エージェントを販売チャネルの中核として重視し，時間をかけて育成・強化しており，高収益な商品を安定的に販売できる重要な基盤を構築しており，生産性・専門性の低い販売網を数多く保有する地場企業や，販売網の体制整備に遅れる他の外資企業に比して優位を持っている[30]。そのベースの上にバンカシュアランスやダイレクト・マーケティング等による販売網を拡大しつつあり，新規販売チャネルにおいて重要度を増すバンカシュアランスでも有力な銀行との間の提携関係を有しており，特にプルデンシャルと英スタンダード・チャータード銀行（Standard & Chartered Bank）のアジア域内における包括的な提携はその典型的な事例である。

---

[29] マニュライフのアジア責任者（当時）であるCook氏の「アジア事業に注力している企業は多いが多くはそのウェートは小さく将来への期待という状況にあるが，マニュライフにおいてはそれは既に実現している」との発言（2012年5月8日付プレゼンテーション原稿（MFC，2012c）による）やプルデンシャル社CFOの「アジア事業がグループの利益の最大の貢献者である」という言葉などに示されている（2012年3月13日付プレゼンテーション原稿（Prudential，2012c）による）。

[30] マニュライフ・アジア責任者（当時）のCook氏は，「エージェント制度の構築を同社の中核となる専門能力（コア・エクスパティーズ）である」と述べている（2012年5月8日付プレゼンテーション原稿（MFC，2012c）による）。

(5) 地域本部やグループ内他企業と各国所在の拠点間の有機的な関係

アジア事業に関する組織機構は，アジア地域本部（アジア地域のみで営業するAIAの場合はグループの本部である，以下「地域本部」と総称する）と各国・地域の拠点という構成になっている。地域本部の所在地はいずれも香港である。その理由としては，欧米企業がアジア地域の本部拠点を検討する場合に，他産業の多くの企業と同様に，東南アジア地域にも近接し，かつ将来拡大する可能性が大きい中国市場でのビジネスとの関連を重視しているためと推量される。地域本部の機能は企業（グループ）全体としての目標・方針の明確化，IT等バックオフィス業務や資産運用の標準化や集約化による効率化であり，「標準化」と現地への「適応化」のあり方が重要なポイントになる。この点に関し，AIAによれば，効率化の推進と迅速なサービスの提供という観点で現地の事情に通じた各国の拠点への権限委譲を進めつつ，会社全体としての規模や交渉力の優位を活かした再保険手配・財務・IT・数理・事務支援など地域全体としての効率化やITの活用によるサービスの質の向上，各拠点によるベストプラクティスの共有化，重要な人事・リーダー教育の実施などという観点で本部が機能を果たすとしており，例えば，商品開発は各地の法制度等の実情に即して現地拠点が担当しつつ本部が専門的なノウハウを活かして支援する，エージェントについて，基本的な管理は各拠点によるが，販売制度の設計や重要な取組みについては本部がリーダーシップを取るとしている[31]。

表3-16はプルデンシャルの事例であるが，地域本部とグループ企業（資産運用等）による各国拠点への支援のあり方が具体的に示されている。アジア域内における事業の目標や戦略の決定，資本配分や業務成績の近代的な管理，商品開発・販売網構築や育成の支援，IT・統合的なバックオフィス業務の実施やサポート，域内全体を単位とする事業の遂行（包括的な銀行との事業提携など），上席者を中心とする人材の管理等についてグループ全体でのシナジー効果による付加価値がもたらされていると考えられる。地域本

---

[31] AIAの2011年度アニュアルレポート（AIA, 2012a）より。

表 3-16 地域的なシナジーの発揮（グループ内の各部門とアジア地域本部によるインドネシア拠点の支援の具体的な事例）

分野	グループ（アジア地域本部や他拠点等）による拠点への支援
商品開発（ユニットリンク商品の導入）	他拠点のベストプラクティスの採用
資産運用	Prudential Asset Management Singapore 社および Prudential Funds Management 社（グループ内の資産運用企業）への運用委託
シティバンクとの販売提携（当時）	グループによる地域単位での提携
イスラム保険の導入	マレーシアのイスラム保険専門企業（Prudential BSN Takaful 社）による支援
人的資源	アジア地域本部内の人材プールの活用
IT システム	グループの IT 関連企業 Prudential Services Asia 社が開発・支援するシステムの活用

（出所）プルデンシャル資料（PCA, 2006b）より筆者作成。

部・拠点間の人事交流により業務上のノウハウ・スキル・人脈などが相互に伝えられることになり，人材の育成にも寄与する。またアジア拠点 CEO は，親会社の上席役員を兼務しており[32]，親会社とアジア地域本部・拠点の連携がうまく機能する仕組みにもなっている。同様の拠点連携や人的交流，知の共有は3社に共通している。上記の様な体制整備が出来て効果を挙げられる理由は，各地に多くの拠点を保有することによって規模の利益や範囲の利益を追求できる環境にあることが大きいものと考えられる。

以上に加えて，3社は，国際的なネットワークを活用して，商品開発や販売網構築，再保険手配，資産運用，事務・IT や顧客対応などについて欧米を含めたアジア域内外の優れた手法や人材を効果的に投入・実施したり規模の利益やリスクの分散効果を享受できるという強みを有する。

(6) 有能な人的資源の保有・活用

生保事業は人が有する保障・貯蓄・投資ニーズに応えるサービスを人が提

---

[32] 例えば，同じく有力企業である Allianz では，アジア地域本部の長は，本社の執行役員ではなく，アジア事業の社内での位置付けが相対的に低いことが推量される。

供するという性格を有するものであり，生保各社は有能で信頼される人材の育成・活用に注力している（例，プルデンシャルにおける，各拠点の優秀層を選抜した「Future Forum」と呼ばれるリーダー教育プログラム）。アジア地域本部の幹部の多くは，自社や業界の競合有力社，アジア地域内を含めた海外の複数の場所で経験を積んだものが多く，特に経営トップ層や戦略や販売・マーケティングを担当とするものにその傾向が強い。また，有力企業をまたがる転職事例も多く，特に AIA（元 AIG 系）とプルデンシャルの人材は相互の入れ替わりが多い[33]。同時にこれら企業はアジア地域における他の保険企業への高度人材の供給源にもなっている。この点に関し，AIA が述べているように「自社および競合他社で勤務した人材が有する経験のコンビネーションが同社の事業戦略を推進しアジア市場における変化に迅速に対応できる広範な視点を与えてくれる」[34]として異文化の受容・活用を積極的にとらえている。またプルデンシャルも「有能な人材を採用し自社に統合できることは他社が容易には追随できない大きな競争優位である」[35]と述べている。3社は，アジアにおいて長い歴史と社名やブランドの認知，営業規模の大きさ（スケール）や職務の幅の広さにより競合社に比べて有能な人材を採用しやすい有利な環境にあるとも考えられる。

　上記3社の幹部リストで紹介したように，地域本部トップの全員をはじめ，その幹部には欧米人（ただし親会社の所在国＝本国以外の国籍の人材を多く含む）の比率が高く，かつアジア地域各地での勤務歴をもつ者が多く，会計士・弁護士・アクチュアリー・経営コンサルタントとしての経歴を持つ者も多い。他方，各国・地域の拠点長レベルやアジア地域本部の機能分野（IT，人事，法務など）の部門ヘッドにはアジア地域出身の人材の比率が高

---

[33] AIA の現 CEO のタッカー氏（Tucker）が Prudential plc.（持株会社）の前 CEO（その前職はプルデンシャル・アジアの CEO）であり，同 CFO（当時）の前職がプルデンシャル・アジアの CFO，プルデンシャル・アジア CEO（当時）が，AIA と同根の米 AIG グループ生保部門の出身などである。さらに3社間の転職ということでは，マニュライフの前上席副社長であった人物が AIA の執行副社長（法務担当）に就任している事例などがある。
[34] AIA の新株発行目論見書（AIA, 2010）による。
[35] プレゼンテーション資料（PCA, 2004）における同社の人事戦略（Our People Strategy）の項の記述による。

くなっている。それら人材については，プルデンシャルが公表しているように生保事業経験と現勤務先企業での在籍期間の長さ，内部昇格率が高いとの傾向[36]が見られる。さらに人材の拠点間の異動を積極的に行い能力向上や経験・ノウハウの共有化に努めている。上記の状況は，欧米や日本など先進地域に比べ相対的に生保事業の歴史が浅く有能な人材プールが少ないアジアの現状において必要とする人材の育成・確保を行うための取組みやその段階を示しているものと考えられる。今後，市場の発展に伴い経営の現地化が進む中で，各社ともにリーダー教育に注力しており，より多くのポストがアジア人材によって担われることになるものと推量される。

　プルデンシャルが，その資料（PCA, 2004）の中でケースを例示・紹介しているように，人的資源開発やリーダー育成のために積極的な勤務地（拠点）の配置転換を行っており，有能人材に各国・地域での経験を積ませたり，人事交流を図っていることが分かる。

(7) 3社それぞれの特色と違いについて

　以上3社に共通する特徴や強みを中心にみたが，最後に個々の特色について述べたい。

　先ずプルデンシャルに関しては，アジア事業の歴史自体は古いが，当初は旧英国の植民地であった市場を中心に展開していた。急拡大を見せたのは1994年にアジア地域本部を開設して以降であり，アジア市場に参入後すぐに多くの市場でプレゼンスを拡大したAIAや時間をかけて着実に事業展開の拡大を図っているマニュライフとは異なる展開の仕方であるといえる。アジアにおける事業推進のリーダーとして長く同社地域本部の長を務め，後にグループ全体のCEOとなったタッカー氏（Tucker：現在はAIAのCEO）のリーダーシップ・影響力が大きかったと考えられる。商品については本国の英国発祥で人気が高い投資型商品であるユニット・リンク型保険をアジ

36　プルデンシャルは，プレゼンテーション資料（Prudential, 2014b）の中で，上級幹部の82%が既存の人材プールの出身者であり，アジア地域本部の生保分野の幹部の89%がアジア出身者，各国・地域の拠点長については全員が内部昇格と公表している）。

市場でも積極的に販売している。

　AIA は，アジア発祥の企業でありアジア・太平洋地域のみで営業を行っている。この点で，英国やカナダが本拠である他の2社に比べ早くからアジア市場へ集中して取組んでおり，市場の理解度や人脈の形成などの点で強みがあり，中国での例外的な出資比率の許容などに見られるメリットを享受していると考えられる。そこでは，かつて AIA が AIG の子会社であった時代に AIG のトップに君臨したグリーンバーグ氏（Greenburg）や，AIA のトップを長く務め現在も会長職（非業務執行役員）にあるツェー氏（Tze：中国系米国人）などのリーダーシップやアジア諸国の政府・業界等の有力者との人脈や各方面への影響力が大きいと推量される。ただし AIA は，リーマンショック後の AIG への米国政府による公的資金注入後，自ら香港で IPO（株式上場）を行い AIG からの独立化を進める（2012年に完全に独立）過程でタッカー氏はじめプルデンシャルから複数の役員が入ってくるなど経営体制の大きな変革を行っており，今後の帰趨に注目が必要と考えられる。同時に自社（プルデンシャル）の中身に熟知した人材が競合企業である AIA の中核を担っていることによるプルデンシャルの経営への影響も興味深い。

　マニュライフは，AIA ほどではないが早期からアジア市場で着実な地位を築いてきたと考えられる。その点に関し自前での成長（Organic Growth）を基本とし M&A はその補完的手段とすることやインド市場を有望と認識し，かつ多くの外資企業が既に同市場に参入する中でも準備は行いつつ状況を注視するとの独自の方針を持っている。

3.4　その他外資企業（日系企業を含む）の状況：3社との違い

　上記3社はアジア地域への進出の歴史も長く，かつ同地域を重点市場として取組み既に大きなポジションを有している。他方，国際的な大手保険企業であるドイツのアリアンツ（Allianz）やフランスのアクサ（AXA）でアジ

ア地域の保険料収入（2014年）が全社計の1割未満[37]であることからもわかるように，後発であったりアジア事業の地位・優先度が高くない他の外資企業（日本企業を含む）の現地市場でのプレゼンスや影響力は現状では相対的に小さい。なお，後発の場合には，一挙に拠点を拡大するための「時間を買う」という観点から地場企業のM&A（買収・出資）を行ったり，市場実態の把握や経営・営業ノウハウの取得や現地でのプレゼンスの構築などを主目的に現地の既存生保企業への小額出資というパターンもある。後発の各社もアジア市場での取組みを加速しつつあるが，現時点では，経営の規模やコントロール，市場における影響度の点で3社のような大きな位置づけを示すまでには至っていない状況にある。その差は，市場参入の歴史，経営のコミットメントや方針の明確さ，地域本部の運用力などの経営経験・ノウハウの蓄積や組織能力，人材力などにあると考えられる。

---

[37] 前述のとおり，アジア地域の全社の合計収入保険料に占める比率はアリアンツ（Allianz）5％，アクサ（AXA）8%である。

第4章

先行研究のレビュー

　上記の市場状況と3社の特徴・強みなどをもとに，本書の目的である（サービス業の一業種である）生保事業の国際化についての理論的な分析を行うために，有用と思われる先行研究をレビューする。以下では，先ず生命保険業に関するもの，次いで企業の国際化に関する諸理論を取り上げ，最後にサービス業の国際化に関する理論を考察する。

4.1　生命保険業に関する研究

4.1.1　塗明憲氏の研究（塗, 1983）
(1) 生命保険業の海外進出に係る要因・動機等について以下の観点から考察している。
　(a) 海外進出の2大類型としての地元市場志向型と本国系市場志向型[1]を提示した。
　(b) 国際保険経営の形態について，業務提携，駐在員事務所の設置，代理店の任命，支店・現地法人の設立，等を挙げ，進出先市場における営業活動の直接管理の重要度，進出企業の資金力，国際経営資源の蓄積度，市場参入の難易，コストなどの要素により各形態が選択される旨を述べた。
　(c) 国際保険経営に関する諸要因として環境要因（国内・国外），企業主体要因を挙げており，両者の要点は表4-1のとおりである。

---

[1] 本国の顧客の海外進出にフォローするもの。

表 4-1 国際保険経営に関する諸要因

	国内		国外	
	一般要因	直接要因	一般要因	直接要因
環境要因	政治体制の安定，自由・奨励的な海外投資政策，為替制度，投資保険制度，2国間・多国間の海外投資保護制度，国内での投資機会の減少や利潤率の低下，海外雄飛・拡張・国際的イメージが企業の威信・社会的評価につながる価値観・風土	海外進出に関する自国保険監督法上の条件・監督当局の政策，国内市場の構造（競争環境）や成長可能性	政治的安定度，行政効率，関係諸法制の整備状況，産業政策，投資・金融面の国際化・自由化の程度，国際収支，経済構造や成長率，雇用，人口，所得・消費等生活水準，家族構成，教育水準，宗教等，外資規制，差別的課税，為替制度上の制限	各国の保険監督法における認可条件，監督当局の外国保険業者に対する政策・方針，財務健全性の裏づけとしての資本金・供託金・責任準備金等に関する規定，独自の商品・販売方法への要求，現地市場の構造（参入の難易，競争状況）と成長可能性
企業主体要因	経営理念（地元市場志向型：成長・存続のための海外への進出，国際企業イメージによる国内市場での優位，バンドワゴン効果，本国系市場志向型：国内市場の防衛・確保の必要性），経営組織，経営資源（優位性：新商品開発，ユニークな販売方法，優れた広告宣伝技術などマーケティング手法，アンダーライティング（引き受け審査）能力や担保力，さらに，本国系市場志向型では，本国系顧客との関係による事業者の選考という点で，地元の既存業者に対する優位性を有する）			

(出所) 塗（1983）をもとに筆者作成。

　保険企業の国際経営に関する要因は，環境要因と企業主体要因に大別され，前者はさらに国内要因（企業の本拠国の要因）と国外要因（進出先の国の要因）に分けられ，その各々が一般要因と直接要因に分類される。例えば国内の一般要因は国内での投資機会の減少や利潤率の減少など，直接要因として国内市場の競争環境や監督官庁の海外進出に対する政策などが挙げられる。他方，国外の一般要因としては政治的な安定度や経済の発展度など，直接要因としては，外資企業参入の条件整備や現地市場の構造と成長可能性などが挙げられている。

　塗によれば，ここで示される諸要因は可変的であり，それらの分析を通じて判断される「推進・誘引効果」の評価と「抑制・抑止効果」の評価とのバランスが企業の意思決定を左右し，前者が後者を上回る場合に国際化が実現

し，前者が優勢なほど支店化・現地法人化といった国際化における段階の高度化が期待されるとしている。

(2) 初期の米国大手3社の海外市場参入に関する考察

19世紀後半から米国の大手生命保険企業3社（エクイタブル・ニューヨークライフ・ミューチュアル）が欧州市場に進出したが，その進出動機は環境要因よりも経営者の意欲やライバル企業への対抗という企業主体要因が強く，当時米国が世界をリードしていたマーケティング技術などを競争優位として一時は大きな発展を見た。しかしながら，事業費の増大化や投資利回りの低下，死亡率の上昇による国際事業の業績悪化や，地元業者・世論の反発，現地保険監督庁との対立や規制の強化，米国の保険監督庁による国際事業に対する見解の厳格化，などの事情の中，当初の積極的な営業努力が次第に減退し第一次世界大戦頃には全て撤退した。塗は，米国各社の海外市場（欧州）への進出が，主に経営者による主体的な意思・願望や米国の競合企業への対抗心などに基づく拡張競争の一環と考えられるものであり国際事業に関する組織・管理も国内事業のそれと未分化（一体化）のままであるなど参入市場の重要度についての認識や企業としての優位性の発揮など客観的な要件・理由に基づく事業の意図が希薄で，かつ組織管理体制も不十分であり，一旦不利な事業環境に陥ると有効な対応策を取ることなく撤退に至ったことを指摘し，各社の対応には一貫した原則や基本方針が欠けていたと主張している（この米国3社の国際事業展開のタイミングは，エクイタブルが1891年，ニューヨークライフが1860年，ミューチュアルが1868年と，本書で対象とする欧米系3社以上に古かったがその国際展開は持続的ではなかった）。

塗の考察をまとめると，生保企業の海外進出について，外部環境要因と企業内部の主体的な要因があることを指摘しつつも，当初は順調に推移したが結果として失敗に終わった米国3社の欧州市場への進出事例の分析によれば経営者の意図等内部の主体的な要因の影響が大きく，国内営業と海外営業の組織・責任体制の未分化など戦略面や組織体制面での対応が不十分であった

としている。

　塗の分析は，生命保険業を対象とする本格的な検討であり，その指摘や示唆する事項には参考になる点が多い。しかしながら，本書で分析対象としているようなアジアの新興市場の業績が企業全体の経営・業績に大きな影響を与えるような状況など経営環境の大きな変化が到来する事態を経験していない時点で行われており，また後述する折衷理論などを含めた企業の国際化理論の進展が見られる以前の研究でもあり，現時点での考察にあたって援用することは適切ではないものと考えられる。

4.1.2　S. ビンダーと J. L. ガイの論点（Binder ＆ Ngai, 2009）

　マッキンゼーのコンサルタントである両氏は，アジア生保市場の発展につき，中長期的な成長期待が大きいことを述べ，外資保険会社は多くの市場ですでに大きなプレゼンスを有するが，さらに勢力を拡大する可能性が大きいと考えられること，外資企業の大きな競争優位は，事業遂行面における地場企業に対する優位であり，特に，新たな商品や販売面の革新に関し強みがあるとする。また，欧米有力企業や日本企業に加え，アジア域内の有力生保企業が本国以外のアジア域内市場に進出する動きが活発化する可能性が大きいとしている（韓国，中国，台湾，シンガポール，マレーシア等の企業がその候補）。具体的には下記の5点を今後のアジア生保市場における重要テーマとして提起している。

① 市場の高成長：経済規模（GDP および1人当たり GDP 等），生保保険料の規模や普及率，世界合計の増分の中でアジアのシェアの拡大がみられ成長期待が大きい。

② 中間層の増加：生保市場拡大の重要ファクターであり，その傾向は地方都市（いわゆる「2・3級都市」や地方部）まで波及しつつあり，大都市のみに営業努力を集中していてはビジネスチャンスを逃す可能性がある。また増加するホワイトカラー，事業主等といった顧客層のニーズに合致した販売網，商品の提供が必要である。

③ 多国籍保険会社の増加・プレゼンス拡大：外資企業は多くの市場ですでに大きなプレゼンスがあるが，さらに勢力を拡大する傾向にあり，その中で一握りの企業のみがアジア市場全般における有力プレーヤーであるといえる。次の10年は事業遂行の卓越性が鍵となり具体的には，商品・販売面の革新に関して外国企業の強みがあると思われ，外資企業による市場シェアは07年の25％未満が，次の10年には30－35％にまで拡大する可能性がある。欧米等だけでなくアジア域内の有力保険企業による他国市場への参入も含め外資企業のシェア拡大の可能性はより大きいと考えられ，この傾向は，歴史的に地場企業が強いポジションを有する市場でより特徴的となる（すなわち地場企業の地位が低下し外資企業の立場が大きなものになる）と見込まれる。

④ 販売網の変化：主要なチャネルは専属エージェントと銀行販売である。現時点において大きな位置づけを有する前者は大きなプレッシャーを受けており，より専門性を有する者へのシフトや世代交代が起こっている。市場の拡大が見込まれる中国においても販売網の変化トレンドは要注目点のひとつで，自ら変容できない地場の伝統企業にとっては致命的になる可能性がある。銀行チャネルはアジア市場での新たで非連続な特徴といえる。ほぼ皆無の状態からスタートし新規契約における構成比で30－50％水準に増加している。これまでの急速な伸びは今後次第に鈍化する可能性があるが重要な販売チャネルとして継続することが予測される。近年のアジア市場の拡大には銀行が大きく貢献している。保険の販売により銀行は手数料収入の拡大によってメリットを享受する一方で，保険会社にとっての利益への貢献度は少ないというケースが多いため，今後は両者の協力で双方に付加価値のある保険契約を増やすとの方向に変化するものと考えられる。さらに新たな販売チャネル（ブローカー，直販，小売店舗など）については全体に占める構成比は小さいものの，一定のニーズのある層への対応として着実に増加する可能性があると見られる。

⑤ 顧客ニーズに沿った商品の提供：複雑で高度な商品の登場が考えられる。その例としては，投資型商品の高度化・洗練化や特定セグメント顧客（保険加入アドバイスを希望する顧客やホワイトカラー・中間層・年金受給

者・事業主・地方の富裕層など）のニーズに合った商品が重要になるものと思われ，特定の商品のみで全市場をカバーすることは困難になるものと考えられる。伝統的なプッシュ型の販売モデルから，顧客ニーズに基づくアドバイス中心の販売へ変化する傾向が大きい。投資型商品は経済環境の悪化があれば販売が鈍化する可能性はありうるが依然として重要な商品として継続するものと考えられる。他方，傷害医療，年金，イスラム保険については大きな成長可能性がある。

4.1.3 G. パーチホルドと J. サットンの論点（Perchhold & Sutton, 2009）

経営コンサルタントである両氏は，アジア生保市場で成功の鍵となる5要因として以下の諸点を指摘している。

① 優れたエージェント（能力・知識・熱意がより高レベルで顧客ニーズを理解）による販売網を継続的に構築すること：投資型商品等複雑な商品を理解し円滑な販売を行うことが重要である。新規進出の外資企業は，地場の伝統企業との比較で，若くより専門性の高い販売網を保有するという強みがある。その例として，インドのトップ企業である国営生命保険公社（LIC）のシェアは2000年の100％（独占）が2006年に82％，2014年には75％となっている。このように販売網については若く専門性のある人材によるエージェントチャネル構築の必要性が増大化しており，それを行う上で，企業グループや拠点単位での標準化による効率化の追求や各拠点のベストプラクティスの他拠点による共有化が重要になると考えられる。

② バンカシュアランスと新たな販売チャネルの構築：バンカシュアランスにおける販売商品の高度化と銀行・保険会社間の協力の緊密化，保険会社の利益拡大による事業価値の増大化の必要性が大きい。同販売チャネルについての先進地域である欧州での成功がアジア地域の先行事例となって経験・ノウハウが移転することや，保険企業と銀行の双方が利益を得られる関係に変容する可能性が見込まれる。その他の新販売チャネルは規模的には小さいが着実に成長する見込みがあり，その場合には欧米等の先進市場がモデルに

なるものと考えられる。その例としては小売企業による保険販売（日韓やインド），ブローカー・独立代理店の増加などが挙げられる。またダイレクトセールスでは，全国的な規模でのコールセンターを構築できれば優位に立つことが可能になると考えられる。

③ 競争の激化の中で勝利できるような事業モデルのレベルアップ：できるだけ多くの市場に先行して入り利益を稼ぐという古典的な戦略は変化しつつある[2]。各市場での競争激化の中で優れた事業モデルでの競争優位の確立が求められている。すなわち，バリューチェーンに沿った高度なスキル（販売・商品における革新や，IT・事業遂行・資産運用・リスクマネジメント・人材マネジメント面）の強化が必要となっている。銀行業との差（保険会社は就職希望の人気度が高くない，金銭面の報酬インセンティブも小さい，産業の歴史が浅く経験ある管理職人材が少ない，ブランド・イメージが低い）を認識して強化を図る必要がある。上記の諸点についての対応に関して，多国籍保険企業は地場保険企業に対して優位にある。今後は規模（販売量）よりも質や付加価値がより重要になり，多国籍保険企業の本国である先進市場や他拠点でのベストプラクティスの活用の重要度が増すものと見込まれる。またITの積極的な活用による地域内各国市場での事業運営のシナジーの構築・活用や，各拠点のバックオフィス業務の地域本部での統合・共通化などによる経費コントロールとコスト節減が重要になる。さらに標準化の効用，資産運用の強化，人材育成（他の業界に劣後しておりその改善にインセンティブを高めることも必要になると考えられる），資産負債管理（ALM）の高度化や資産運用専門企業の創設・育成などの取り組みが挙げられる。他方，上記のシナジー効果に関しては，過剰な要員配置や権限の肥大化などという問題や地域本部のガバナンスモデルが適切に定められ実行されないようなことがあれば，本部機構の存在が付加価値をもたらさず，逆に迅

---

[2] Prudential Plc. のCEO（当時）のティアム氏（Thiam）も「アジア各市場にプレゼンスがあるだけでは成功の保証にはならず，同社の躍進のポイントは適切なビジネスモデル（各市場の発展度や富裕層・中間層の増加や顧客ニーズに適合した商品ラインナップや販売網など）を持っていることにある」等と述べている（2012年3月13日付同社2011年度業績公表のプレゼンテーションでの発言原稿（Prudential, 2012c）より）。

速な意思決定や行動，生産性を阻害することがありうる旨を指摘している。

　④　アジア地域におけるビジネスチャンスの獲得：欧米日の企業だけでなく，アジア域内の有力地場企業の海外進出も増えることが予測される。そこでの重要点は，市場の優先度づけ，各市場実態・利益傾向や参入上の要件の把握，他拠点・地域での経験・スキルの活用・応用である。M&Aによる進出が良いのか自力での進出が良いのかの決定はおかれた諸状況により，M&Aの場合においては買収や出資のターゲットとなる企業の有無と実施のタイミング，M&Aの目的が明確であることなどが必要な要件である。ターゲットを予め良く知るという目的での小額出資も存在する。その場合には自社の強みをベースにすべきであり，異文化適応ということが大切である。アジアの各拠点が欧米等の本社から指示を受けるという体制では意思決定が遅れ，現地市場の理解も困難であるために強力なアジア地域本部の構築が必要である。域内展開の戦略決定，資本配分，商品開発のガイドライン，会計・監査面，域内を単位とする事業の実行，域内の有能人材の管理などが，地域本部が付加価値を生むために重要なポイントである。

　⑤　利益に関するプレッシャーへの耐性の強化の必要性：今後，各市場での競争激化の中，現在の高い収益性は減少する方向に向かう可能性があり（それでも先進国市場よりは高めであると予測される），上記の傾向は特にバンカシュアランスにおいて顕在化しており，生保企業の収益を圧迫している。このような環境の中で保険企業は規模（販売量）より価値重視（収益性志向）へシフトすべきであると考えられる。

　上記の4.1.2と4.1.3や，最近の保険企業の実務家による報告・発表（日本保険学会による「グローバリゼーションと保険会社の海外進出」をテーマとする平成23年度におけるシンポジウムと同学会誌『保険学雑誌』第616号所収の各論文（谷口，2012）などが代表的なものであろう）は，アジアの生保事業の現状や方向性，企業の取組みの重要点やあり方を考える上では意義があると考えられるが，それらはあくまで事実の提示や今後の市場の見通しや保険企業の取組みのあり方等についての観点からの論考を行ったもので

あり本書の目的である経営理論的な観点からの考察を行う上でフレームワークとして使用することは適切ではないと考えられる。

4.2 製造業やサービス業の国際化に関する先行研究

　以下では，生保事業の国際化を経営理論的に考える際のベースや参考となると考えられる，（製造業・サービスに共通する）企業の国際化に関する研究（特に折衷理論），サービス業の国際化に関する研究，銀行・小売業に関する研究の要点についてその主要点を考察する。

4.2.1　企業の国際化研究

　企業の国際化に関連する諸理論につき，なぜ企業は多国籍化するのか，その場合の特徴・重要点は何かといった命題を中心とする理論についての流れを見たうえで，それらを総合的にまとめたものでサービス業にも適用可能とされる折衷理論につきレビューする。

　① ハイマー＝キンドルバーガー命題：企業の国際化（多国籍企業化）につき，それ以前の資本移動論（利子率の低い国から高い国へ資本が移動するとする）と異なり，ハイマー（Hymer, 1960）は企業の海外事業での投資の目的は，経営を支配し事業収益を挙げる直接投資であるとし，外国企業は進出先の国では，地場企業に比べ情報へのアクセス等不利な面があるが，それを克服して事業活動を行う理由につき，当該企業による優位性の保有に着目した。キンドルバーガー（Kindleberger, 1969）は，優位性の源泉を，製品差別化やマーケティング技術，価格支配など，特許技術・ノウハウ，資本市場での差別化，優れた経営能力の企業内蓄積，規模の経済性，政府政策による参入規制の4点とした。この点に関し，ケイブス（Caves, 1971）は，特許技術やブランド，広告活動，販売サービスなどの製品差別化能力を重視している。

② 寡占反応論：ニッカーボッカー（Knickerbocker, 1973）は，海外進出をする競争企業と同一行動をとるという寡占企業の対抗的行動（バンドワゴン効果）から企業の国際化を説明しようとした。

③ プロダクトサイクルモデル：バーノン（Vernon, 1966）は，製品がライフサイクルに沿って成熟するにつれ，寡占競争が不安定となり，企業が海外生産に着手すると考え，アメリカでの新製品の開発とアメリカ市場への供給，その製品が成熟期を迎えると他の先進国市場に新製品として供給するため現地に生産拠点をシフトさせる。そこで当該製品が成熟期を迎えると，発展途上国へ生産をシフトさせていくとする。特定の製品の世界市場におけるプロダクト・ライフサイクルにおける地域的なタイムラグを活用し，世界の各市場で需要の大きい製品を供給できるとする。しかし本理論はアメリカ経済の影響力が大きく多国籍企業のほとんどがアメリカ企業であった1960年代に開発されたものであり，その後の日本・ヨーロッパや新興国の経済発展の中では説明力を失っている。

④ 内部化理論：企業が海外の企業と市場を介して製品，サービス，技術などの取引を行う場合には取引コストが発生する。そのコストが高ければ企業は自ら海外子会社を所有し，それを活用して自社製品を販売する方法を検討することになる。市場取引を企業内取引で代替すると捉え内部化と呼ぶ。本理論の本格的な展開はバクレー＝カソン（Buckley & Casson, 1976），ダニング（Dunning, 1977），ラグマン（Rugman, 1980）などにより行われた。内部化により取引相手の機会主義的行動を抑制することができる一方，そのコストとしては，インセンティブの低下，階層が縦長になるに従って生じる情報の遅延，歪み，異なる企業の統合による生産効率の低下といった問題がありうるとされる。

⑤ 折衷理論（OLIパラダイム）：ダニングは，内部化理論だけでは，多国籍企業の行動の全体を説明することは難しいとして，内部化理論に立地論と産業組織論の考え方を加えて国際経営の一般理論化を目指した（Dunning, 1979）。そこでは海外生産を説明する上で3つの要素が同時に満たされなければならないと主張される。3つの要素とは，所有特殊的優位（ownership-specific advantages），立地特殊的優位（location-specific advantages），内部化優位（internalization advantage）である。

所有特殊的優位は，技術や所有権等の無形資産に代表される資産優位（製品イノベーション，コード化・暗黙知を有する人材，ファイナンス・生産管理・組織・マーケティングシステムなどの能力等や相互補完的な資産）と，自社が所有する資産優位を効果的に組み合わせて活用する能力である取引優位（グローバルな自社のネットワークの中で，企業の資産優位を効率的に管理・利用する能力で資金力，技術力，組織力，管理力等）からなる。

立地特殊的優位は進出国（受入国）が提供する現地特殊的な要因であり，所有特殊的優位の形成，生産立地の選択，海外子会社の現地での経営環境などに影響を及ぼすもので，エネルギー，原材料，部品，中間財などの価格や品質，現地市場の需要規模，輸送および通信コスト，法人税・関税など経済政策，政府規制，非関税障壁，インフラ条件，文化，政治，商慣習の違いなどが挙げられる。

内部化が有利な状況とは，中間財や情報，技術などの所有特殊的優位を外部市場で取引するよりも，自社内で管理・利用した方が利益が増すような状況であり，内部化優位は一般的には外部市場の不完全性や市場の失敗に起因するとしその根拠として以下の諸点を挙げている。

a．取引相手の探索および交渉コストの回避・削減
b．モラルハザード，情報の非対称性，および逆選択の回避
c．契約不履行や訴訟コストの回避
d．現地市場ごとに差別価格が適用できない場合
e．品質管理の向上
f．相互依存的な活動の効率化
g．先物市場の不在への対応
h．受入国政府との関係の改善

さらに有形製品の海外生産にとどまらず保険業を含めたサービス業の国際化や国際提携といった企業の行動についてもOLIパラダイムのフレームワー

クの中で説明することができると述べ理論の拡張を行っている（Dunning, 1979）。

折衷理論は多国籍企業の在り方を説明する上で考察すべき諸要素や変数を整理したものとして有用であり本書での考察の中心的なフレームワークとして活用することとする。ただし，折衷理論については理論モデルというよりも理論の構築に向けた分析的枠組みの提示に止まっているとの評やダニング自身も述べているようにサービス業への適用に当たっては各業種ごとの個別性の考慮が必要であるとしていることから，本書では，生命保険業の特性や当該業種に専門的な観点を踏まえて分析や理論の精緻化を行うこととする。

4.2.2 サービス業の国際化に関する研究

サービス業に関わる主要な理論を概観するに当たり，その前提となるサービスの特性として，① 無形性（intangibility），② 非貯蔵性（non-storability），③ 輸送不可能性（non-transportability），④ 生産と消費の同時性（simultaneity of production and consumption），⑤ 生産者と消費者の近接性（proximity between producer and consumer）の概念を提示し以下で行う分析の参考としたいと考える。下記(1)〜(3)の諸理論は，サービス業の多様性についての認識や類型化などの観点の重要性やそのための基本的な視点を提示していると考えられ，生命保険事業に関する分析を行う上でのベースとして有用であると考えられる。

(1) ボドウィン＝ハルブリッチ＝ペリーの研究（Boddewyn et al., 1986）

国境を超えるサービスを，「国際取引が可能なサービス」（生産過程から分離されるサービスや生産現場から消費者の需要場所へ国境を越えても移転が可能なサービス），「立地制約的なサービス」（生産者と消費者の相互作用を必要としサービスの生産と消費に時間的・空間的制約があり立地の束縛を受けるサービス），「混合サービス」（上記の中間的に，生産過程の一部は立地制約的であるが，その他は国際取引が可能なサービス）の3つに分類し，立地制約を受けるサービスには輸出という参入方式が採用されないなど，製造

業とは異なりサービスの国際化の分析には，サービスの特徴を考慮する必要があることを示した。

(2) エラミリの研究 (Erramilli, 1990)

サービス業の海外市場参入行動が，製造業に比べ多様性に富んでいる理由を，特に「生産と消費の不可分性」という特性に求めたが，同時にその特性の適合度はサービス分野によって違いがあり，それが該当しない分野では直接的な進出ではなく輸出も可能になるとした。具体的にどの分野が輸出可能となるかについて，「ハード・サービス」（サービスがディスクや書類など目に見える形に具現化されるもの）と「ソフト・サービス」（サービスが何らかのものに具現化できないために生産と消費が同時に発生する）に分類し，海外参入モードとして，前者は輸出，後者は直接投資が選択されるとした。

(3) ラブロック＝イップの研究 (Lovelock and Yip, 1996)

サービスの種類がグローバル戦略の策定に影響を与えることを指摘しオペレーションの観点から検討しサービスが生み出されるプロセスに顧客がどの程度参画するかによってサービスを次の3つに分類した[3]。① 人を対象にするサービス（サービスの生産と消費が同時に行われるため，顧客が到達可能な範囲内に拠点を置くことが必要とされる），② 所有物を対象とするサービス（顧客が所有するものを対象としたサービス活動であり，対象物の価値を高めるために行われる。サービスの生産と消費の同時性は ① よりも小さい），③ 情報を対象とするサービス（情報の収集，加工，解釈，伝達作業を経て提供するサービスの価値を高める，情報通信やITの活用により人的関与を相当程度低くすることが可能で，各国への拠点配置の必要性が相対的に小さい）。

---

3 より新しい業績である Lovelock and Lauren (1999) では，「メンタルな刺激を与えるサービス」（教育・ニュース・エンターテイメントなど）を加えて4分類としている。

(4) 折衷理論のサービス業への適用について

　ａ．ダニング自身による分析（Dunning, 1989）

　ダニングは，製造業と比較した場合のサービス業の国際展開に特有の観点として以下を指摘している。

　① サービス業における人の要素の重要性と，各サービスの単発性の故の競争優位，所有特殊的優位に関する質の不安定性
　② 範囲の経済性
　③ 純粋なサービスの無形性・消滅性による対面の必要性
　④ 戦略的・文化的に重要性を有するサービス業に関する各国の外資参入規制
　⑤ 各企業によるニッチ市場や各顧客に対する差別化され個別化された対応
　⑥ 旅行業，金融，貿易などの諸サービスにみられる需要・供給が共に発生する特性

　その上で，製造業との相対的な比較を踏まえてサービス業についての所有特殊的優位，立地特殊的優位，内部化優位について以下のように述べている。

　イ．所有特殊的優位：ネットワークを活用した交渉力，情報収集力，リスク回避力など有形資産よりも無形資産に重要な事項が挙げられる。

　ロ．立地特殊的優位：製造業に重要なコスト要因よりも市場接近の要因がより重要とする。

　ハ．内部化優位：情報志向や専門的サービス，商標やイメージを重視する業種，貿易関連業種では内部化優位が海外進出の誘因になるが，リスク分散，暗黙知，現地での出資を要する政府規制，ホテル・レストラン・レンタカーなどでは少数出資合弁やノンエクイティの契約が選好されたり，投資信託・不動産・傷害保険では複数国の企業との連合が行われるなど業種により相違することが指摘されている。

　特にダニングが保険業に関する3つの優位性（OLI）として挙げているも

のを抜粋すると以下のとおりである。
・所有特殊的優位：保険会社への評判・イメージ，規模の経済性・範囲の経済性，専門性，国際的な顧客へのアクセス
・立地特殊的優位：保険契約者との近接性，大手企業間の寡占化戦略，政府による海外への付保規制
・内部化優位：リスク分散，暗黙知，現地での出資を求める政府規制

　ダニングは，保険業に関して上記のような言及は行っているものの，それは数多いサービス業の各業種を同時に分析・検討する中で行われており，生命保険に関する検討はあくまで表面的・限定的なものに止まっており（「保険」についても，「生命保険」だけでなく，「損害保険」や「再保険」を含む広い概念を含めて言及しており，ダニング自身の保険事業についての理解度が十分でなかったことが推量される記述がみられる）生保事業について深い分析を行うことを目的とする本書の考察にストレートな解や指針を与えるものではない。

b. 銀行業や小売業への折衷理論の応用

　生命保険事業への折衷理論のより具体的な適用を試みるに当たって，サービス業に属する事業である銀行業と小売業における先行研究を参考とすることは有意義であると考えられる。
　先ず，銀行業については川本による研究（川本,1995）を参考にして以下に代表的な論者の事例を要約して述べる。
　チョー（Cho,1985）によれば，所有優位性について，ある国の銀行が外国市場において，現地銀行および他国の銀行と競争しうるための必要条件であり，所有優位による利益をもたらす基礎的な事項として有能な人材・経営資源への接近，有利な資金源への接近，広範囲で効率的なネットワークの所有，多国籍操作の知識や経験の蓄積，特定顧客グループの銀行ニーズに対するサービスの専門化，多国籍銀行グループで確立された信用力を挙げる。その優位性により，第一に銀行が扱う商品の差別化能力の発揮ということがあ

るが，差別化しうる商品は限られているので模倣され易く製造業の製品と比べても，イノベーションの可能性や新商品創造の機会は少ない。そのため価値ある商業情報，有能な人材，銀行の名声等を通ずる製品差別化が主要なものとなる（シンジケート・ローン，プロジェクト・ファイナンス，協調融資，国家貸付といった活動がその具体例である）。第二は信用できる資金源の開発能力の発揮である。これはより安価な資金源への接近を可能にするもので，銀行の規模，多国籍オペレーションの経験，ネットワークの範囲，銀行の信用が資金獲得能力と関係する。第三は規模の経済性をベースにした業務を可能にする。立地優位は，(1)規制枠組みの相違，(2)実質利子率の格差，(3)経済状況の相違，(4)銀行の国籍，(5)社会状況の相違等から生み出されるとする。最後に内部化の優位については，アームズ・レングス的な外部市場チャネルに頼るかわりに，企業組織内部に市場をつくり，そこから利益を得るものであり，銀行サービス業において情報は不可欠であり，情報市場は不完全であることから，銀行にとってその内部化による潜在的利益は大きいとしている。また，3つの優位の相互関係について，内部化による利益は，その銀行が占有的情報を持っているほど，また所有優位に基づく利益が高いほど大きいとしている。

この他，ヤノポーラス（Yannopoulas, 1983）は，立地に特殊な利益をもたらすものとして銀行業に対する規制の枠組みや財務の取扱の違いをあげている。これは銀行サービス提供のコストの違いをもたらすものとする。また内部化の利益による優位性の主なものとしては，チョーと同様に情報入手の内部化の利点を強調している。同時に，多国籍銀行の展開によるグローバル・ネットワークの形成により，正確なリスク評価ができるという内部化利益や，マチュリティ・トランスフォーメーション（満期変換）を効率的に行うことから得られる内部化利益もあげている。

次に，小売業への折衷理論の適用に関する代表的な論者であるドーソンは，同理論の小売業への応用について以下のように整理している（Dawson, 1994）。

① 所有特殊的優位：ブランド商品や販売手法の優位性。

② 立地特殊的優位：地価・賃金の地域差，市場成長率，市場構造の地域差というメリット。

③ 内部化優位：単なる商品の輸出よりも大きな利益を得るために有効な直接的海外進出（単独・合弁）やフランチャイズ方式や買収での海外進出を行う際の法的環境など。

同時に，ドーソンは，小売業と製造業の国際化の相違点として，意思決定における集中と分散のバランスの相違，組織的・事業所的な規模の経済の重要度の相違，複数事業所を保有する企業における空間的な分散度の相違，企業規模に対する事業所の相対的な規模の相違，意思決定が覆された際の相対的な撤退コストの相違，投資決定後に収入を発生させるまでのスピードの相違，キャッシュフロー上の特性の相違，在庫の価値，調達（仕入れ）の重要性の相違を挙げている。

第 5 章

生命保険企業の国際化に関する理論化

5.1 サービス商品としての生命保険の特徴

　以上の論点をベースとして生命保険業の国際化に関する理論についての検討を行う。そこでは，保険商品の製造業の製品や他のサービス業の商品との性格的な相違を念頭に置くことが重要と考えられる。庭田（庭田，1992）は「保険商品の内容は，保険事故の発生を停止条件とする条件付保険金請求権であり，一般の条件付契約とは異なり契約と同時に保険事故の発生に関わりなく条件付保険金請求権という期待権が給付され，保険料（掛け金）がその期待権給付の対価になる。さらに将来のある時点（生命保険の場合，通常は長期間経過後）の保険事故発生時や満期時に最大の機能が発揮される」としている。この点で，保険は，商品（有体物）を扱う小売業とは異なり，銀行などと同じく情報に関するサービスに分類される。同サービスは情報通信技術の進展により対面的なサービスの重要性は以前よりも低下しているといわれるが，生命保険については顧客のニーズを喚起して販売することの意義や必要性が主張されており対面販売の重要がより大きい[1]。また生命保険は，銀行や損害保険とも異なり，より長期間にわたるサービスを提供するものであり，会社・ブランド・販売者への信頼が非常に重要であり，経営資源の中

---

[1] 生保では，損保（損害保険）との比較においても，潜在化している顧客のニーズを引き出すことの重要性がより大きいとされている。通販やインターネットは増加傾向にはあるものの複雑・高度な商品の販売においてはエージェントやブローカーの存在感が大きい。保険業でのダイレクトマーケティングの先進地域である米国や英国においても，それは増加傾向にはあるものの，保険料収入全体に占める構成比（2011）は，米英それぞれ4％と6－10％程度を占めるに過ぎない（松岡，2012a）および（松岡，2012b）。

でも，特に無形資源や人的資源の重要性が大きい産業といえよう。

5.2 生命保険企業の国際化理論に関わる考察

以下では生保企業の国際化に関する分析を行うこととし，先ず生保事業を含めたサービス業への適用が可能とされるダニングの折衷理論の生保事業への適用について，生保事業の特性や銀行業・小売業についての先行研究を踏まえての考察を行い，次いでそれを補完するものとして経営戦略論の資源ベース論によるアプローチを試みる。

5.2.1 折衷理論（OLIパラダイム）の生命保険業への適用

上記にみたダニングによる生保事業についての指摘の内容，生命保険の特性，および銀行業・小売業に関する先行研究の成果を踏まえて，本章で対象とする欧米系生保企業3社の有する強みや競争優位を分析・検討し以下の事項を抽出した。

a. 所有特殊的優位（O）：現地市場や法制度，商習慣，文化の認識・理解力，有能な役職員人材の育成・管理能力，経営マネジメント能力，商品開発・販売やマーケティング体制と能力（商品の品ぞろえ，販売チャネルの構築・管理含む），IT技術と活用力，資金力（親会社およびグループ全体）と資産運用力，リスク管理・対応能力，ブランド・信用（当該企業に加え，本国の信用力を含む），多国籍な展開におけるオペレーションの知識・経験・ノウハウ，既存顧客（本国や他の拠点所在国での顧客）の存在，有力な人脈（現地・国際的），海外拠点ネットワーク，国際的再保険ネットワーク，規模の利益，範囲の利益，「標準化－適応化」に関するノウハウ

b. 立地特殊的優位（L）：市場の成長性・規模・収益性，市場構造の地域差，契約者との近接性，規制環境（参入関連，投資関連，国外付保規制等），

大手企業間の寡占化メリット（先行して市場に参入した有力企業による市場の寡占化によるメリットの享受）

　c．内部化優位（I）：企業（グループ）としての戦略・方針の一貫性によるメリットの享受，高レベルで安定的なサービス（保険商品，販売，契約の管理・保全・アフターサービス等）の提供，市場や経営環境・リスクに関する各国情勢，有力顧客等に関する有用な情報の保有，複数国やグローバルな拠点ネットワークを保有することによる顧客対応・資産運用・業務効率化・リスク分散・暗黙知共有化のメリット

　ここで上記のOLI優位として指摘した事項の主要点について，3社のアジア事業の事例をベースとして検証したい。併せて製造業や他のサービス業との違いについても重要と思われる点について付言することとする。

＜所有特殊的優位＞
　① 現地市場や法制度，商習慣，文化の認識・理解力と有能な役職員人材の育成・管理能力，経営マネジメント能力
　3社は共に長いアジア進出の歴史を持ち，経験・知識・ノウハウを有する多くの人材を保有している。特に，地域における豊富な経験を有するトップ層の人材のリーダーシップの下，アジア事業が企業グループ全体の収益に大きく貢献し影響を与える事業展開を行っている。欧米人の幹部もその多くがアジア地域での長い勤務歴を持っており，同時に多くのアジア人材の育成・登用に注力しアジア地域出身の幹部が増加している。この点では，国籍が異なり勤務経験も多様な有能人材を懐深く受け入れ活用できる組織能力を保有していることも重要なポイントとして指摘できる。
　② 商品開発・販売やマーケティング力（商品の品ぞろえ，販売チャネルの構築・管理含む），IT技術・活用力，資金力，資産運用力，リスク管理・対応能力
　プルデンシャルのユニット・リンク商品（アジア市場の多くで重要な保険

商品となっている）のような先進的な商品の導入，マレーシアのイスラム保険商品のインドネシア市場への応用的な投入（イスラム教徒が多い国同士のノウハウ・手法の移転），高レベルのエージェントチャネルの構築・育成や，欧米等先進市場でのノウハウを生かしたバンカシュアランスなど販売チャネルの構築・展開・管理，地域本部が主導し各拠点とも整合したIT・システム，本社・地域本部・運用子会社など企業全体の体制・ノウハウやネットワーク，規模の利益を活用した資産運用・再保険手配などが挙げられる。

③ ブランド・信用

3社は進出の歴史も長く各市場での認知度が高いが，上記したプルデンシャルのインドネシア拠点において，100年以上の歴史を有する地場有力社を短期間に凌駕したブランド認知度向上の事例やそのベースとなる広報・広告宣伝，CSR活動の積極的な実施にみられるように，3社ともに企業の認知度やブランド力を高める努力を継続している。またそもそもアジア新興国の顧客から見た先進国に対する信用や先進国を本拠とする企業への信頼に加え，1997－1998年のアジア通貨・金融危機時の地場企業の脆弱性の記憶から多くのアジア市場においては3社を代表とする先進国の有力外資企業への信用度は高いと考えられる[2]。

④ 多国籍な展開におけるオペレーションの知識・経験・ノウハウ，既存顧客（本国や他の拠点所在国での顧客）の存在，有力な人脈（現地・国際的），海外拠点ネットワーク，国際的再保険ネットワーク

3社ともにアジア地域内外の国際的な拠点（保険業のみならず資産運用やIT・事務処理を含む）や世界各地の再保険ネットワークをベースにした豊富な国際事業経験やノウハウ，国際的な企業顧客，各地の政府や業界関係者などの有力な人脈を保有している。人脈力の強みについては，既述した中国におけるAIAの特権的取扱いの享受（政府との関係の構築や影響力により外資規制の例外的地位を許容されていると推量）が典型的な事例と考えられ

2　2008年のリーマンショック後の欧米を中心とする経済の低迷により経営が大きく悪化した金融機関の中には，アジアにおいても信用度が低下しているものがあるが，本書の3社については，アジア事業の堅調による下支えもあり相対的に堅調な経営状況にある。

る。

　以上のように，生保事業では，製造業などの場合とは異なり，保険商品や販売手法，IT技術などに関する知的財産権の保護による持続的な競争優位の確保は期待しにくいため，新規有望市場や既存市場での新たな事業機会や，政治・経済・金融動向や法規制の変化等の経営環境の変化についてのリスクの認識と判断，各地での様々な経験・ノウハウを組織的に蓄積し共有・応用する能力や仕組み，重要な情報をタイムリーに収集したり自社のポジションを有利に運ぶためには有用な人脈がより重要であると考えられる。

　⑤　投資に関する資本力の優位

　3社は国際的に有力な保険企業であり，例えば，プルデンシャルが成熟市場と見なされる英国市場での利益を成長分野であるアジアなどへの投資に回すとの戦略で取組んでいるようにグループの総合力としての投資に関する資本力が大きいが，さらに3社はアジア事業において黒字経営を実現しており，アジアにおける投資資金をアジア域内だけで賄える状況にもあることも他社に比べて有利なポジションにあると考えられる。

＜立地特殊的優位＞

　①　市場の成長性・規模・収益性，市場構造の地域差

　アジア各市場の経済発展や富裕層・中間層の増加傾向による大きな期待に加え，各市場の発展・成長の段階が異なっていることは先進国・新興国での経験・ノウハウが豊富な3社にとって有利なポイントである。例えばインドネシア市場において，増加する富裕層・中間層の保障や貯蓄のニーズに対して欧米やシンガポール・香港など先進市場の商品を応用して投入したり，イスラム教徒の顧客拡大のためにマレーシア市場で先行販売しているイスラム保険商品を投入していることはその好例である。

　②　契約者との近接性，有利な規制環境（参入関連，投資関連，国外付保規制等），大手企業間の寡占化戦略

　インターネットなど通信技術の発達の影響はあるものの，生保販売の太宗においては対面でのニーズ喚起・説明が重要[3]であり，エージェントなど販

売網の構築や管理，企業としての信用・ブランド認知度を高めるために現地市場に直接参入することの意義とメリットは大きい。さらに各国の保険監督において過当競争を避けたいとの意向により生保事業の免許が一定数の保険企業に限定的に付与される（ある時期を過ぎれば新規の免許の取得が困難になる）ケースも多く，かつ法律によって国外付保規制（現地認可企業による保険引受が原則であり海外の保険会社との直接契約は許されない）が規定されている国も多いため，市場に先んじて入ることのメリットや現地での拠点・販売網の設置の必然性は製造業や損害保険業も含めた他のサービス業との比較においても大きいといえる。さらにアジアの多くの国では保険監督行政や国家の経済政策により保険市場の発展が大きく影響されることが多いために，保険企業が自ら拠点を保有し保険監督官庁を含めた関係政府機関との良好な関係を構築し情報をタイムリーに入手したり，行政の検討や政策への協力・支援や自社の意向を有利に反映するように努めることは重要といえよう[4]。

＜内部化優位＞

　高レベルで安定的なサービス（保険商品，販売，契約の管理・保全・アフターサービス等）の提供，市場や経営環境・リスクに関する各国情勢，有力顧客等に関する有用な情報の確保，複数国やグローバルな拠点ネットワークを有することによる顧客対応・資産運用・業務効率化・リスク分散・暗黙知共有化のメリット

　自社の特色を生かした保険商品の投入（プルデンシャルの投資型保険であるユニット・リンク保険のアジア各国での投入やイスラム保険商品のマレーシア・インドネシアでの投入）や，自社が長年かけて蓄積構築した販売網の構築・管理（エージェントの採用・育成・管理の手法，報酬や昇格のシステ

---

[3]　前述の注2のとおり，米国・英国といった先進市場においても販売人による生保商品（特に収益性の高い保険商品）の販売は依然として非常に大きな位置づけを占めている。

[4]　先進国に比べ市場の発展度合いが低い諸国においては，有力外資企業が導入する経営手法，商品，販売網などが生保市場の形成や近代化において影響する度合いが大きいと考えられる。

ム，バンカシュアランスにおける銀行での保険販売のノウハウ，通信販売等ダイレクトマーケティングなどの手法)，保険金の支払いや各種顧客対応などを自社の方針・手法でコントロールすることによりサービスの質を高いレベルで維持できる。また自社の資金および顧客からの預かり資産の世界各地の拠点を活用した効率的で規模の利益を活用した運用やIT・システムの導入や運営のノウハウや体制における効率化やシステムやソフトウェアの導入における対外交渉力の発揮などは有力外資企業の強みと考えられる。

5.2.2 資源ベース論の観点からのアプローチ

　上記のように3社の強みをもとに折衷理論を適用して生保事業の国際化における3つの優位性について項目を抽出し列挙した。次のステップとしては，それらの項目の中での相対的な重要度などについて，より深みのある考察の有用性を感じる。それを行う上で，所有特殊的優位と内部化優位性は企業が保有する経営資源や組織能力に関するものと考えられることから，それらを中核的な概念として取り上げている経営戦略論における資源ベース論（リソース・ベースト・ビュー）の観点からの考察を行うこととする[5]。

　資源ベース論は，経営戦略論においてポジショニング・スクールに対する有力な理論であり，ウエルナーフェルト（Wernerfelt）やコリス＝モンゴメリー（Collis and Montgomery），バーニー（Barney）らがその代表的な論者である。同理論では企業を資源と能力の束であるとみなし，それ以前の戦略論においては同一業界内の企業間の異なる成果を説明するうえで，戦略の実行過程の重要性への視点が十分ではなかった旨を指摘し，経営資源のうち環境適用にとって価値のある，他の企業にはない独自性を持ち，代替不可能な，他からは模倣することが難しい経営資源（物的・人的・組織的な資源のみならずブランドや知的財産等の無形資産を含む）と組織能力を重視している。バーニーによれば，戦略上有効な資源とは，経済価値（Value）の創出につながり，希少性（Rarity），模倣困難性（In-imitability）や代替移

---

[5] 本項の検討に際しては白石（2008，2009）を参考とした。

転の不可能性，資源を有効活用する組織構造（Organization）を特徴とするとしている（それぞれの頭文字をとって VRIO 分析と呼ばれる）。バーニーは過去の研究を踏まえたうえで経営資源（組織能力を含む）を，①財務資本（戦略を構想し実行する上で企業が利用できるさまざまな資金でその源泉には企業家自身，出資者（投資家），債権者，銀行などがある），②物的資本（企業内で用いられる技術，企業が有する工場や設備，企業の地理的な位置，原材料へのアクセスなど），③人的資本（役職員に蓄積された訓練や経験，それらが保有する判断力，知性，人間関係，洞察力など），④組織資本（企業内部の公式な報告ルートを含む組織構造，公式と非公式の計画・管理・調整のシステム，企業内部のグループ（集団）間の関係，自社と他企業の関係など）の4つに分類している。

他方，資源ベース論に類する考え方としてプラハラード＝ハメル（Prahalad and Hamel）によるコア・コンピタンス（Core Competence）の概念がある。それは組織の能力について言及したものであり，コア・コンピタンスは，将来的な顧客の便益を提供するための自社ならではの中核的企業力であり，競合他社を圧倒的に上回るレベルの真似ができない核となる能力や技術やスキルの集合体であるとしている（Prahalad and Hamel, 1990）。このように企業にとっての重要な経営資源や組織能力を重視する観点は，本書で対象とする欧米系生保企業3社の競争優位を考える上でより精緻で深みのある分析を進めるために有用であると考えられる。また従来切り離されて考えられてきた企業の国際化理論（折衷理論）と経営戦略論（資源ベース論）を融合して考察する試みとしても意義を有するものであると思われる。

ここで，上記のバーニーの経営資源の4分類を切り口にして折衷理論の「所有特殊的優位」と「内部化優位」の2つの項目を関係づけて分析すると表5-1のように整理されそれぞれの意義や位置づけがより明確になる（3つの優位の中で「立地特殊的優位」は，企業の経営資源や組織能力とは直接的な関係がないことから分析対象から除外している）。

表5-1の要点は，①資源ベース論の財務資本が折衷理論の所有特殊的優位としての資本力に，②物的資本が所有特殊的優位の商品や販売網，IT技

表 5-1 折衷理論と資源ベース論による経営資源・能力の考察

		折衷理論	
		所有特殊的優位	内部化優位性
資源ベース論	財務資本	資金力（親会社・グループ全体）	
	物的資本	商品の品ぞろえ，販売チャネル，IT技術，ブランド・信用	高レベルで安定的なサービス（保険商品，販売，契約の管理・保全・アフターサービス等）の提供体制，市場や経営環境・リスクに関する各国情勢，有力顧客等に関する有用な情報の保有，規模の利益，範囲の利益
	人的資本	有能な役職員人材の育成・管理能力，経営マネジメント能力，現地市場や法制度，商習慣，文化の認識・理解力，商品開発・販売やマーケティング力，販売チャネルの構築・管理力，IT活用力，資産運用力，リスク管理・対応能力，多国籍な展開におけるオペレーションの知識・経験・ノウハウ，有力な人脈（現地・国際的），標準化－適応化に関するノウハウ	
	組織資本	海外拠点ネットワーク，国際的再保険ネットワーク	複数国やグローバルな拠点ネットワークを有することによる顧客対応・資産運用・業務効率化・リスク分散・暗黙知共有化のメリット

(出所) 筆者作成。

術やブランドと内部化優位性の高レベルのサービス提供体制や有用な情報の保有，規模・範囲の利益に，③人的資本が所有特殊的優位の有能な人材の育成・管理能力，市場等への認識・理解力，商品開発や販売・マーケティング力，販売網の構築・管理力，IT活用力，資産運用力，リスク管理・対応力，多国籍環境でのオペレーション能力，人脈などに対応することで概念的により明確化されたと同時に，人的資本としての経営資源や組織能力の重要性が大きいことが分かる。

　上記の分析によって生保企業の国際化における重要な競争優位に関する経営資源や能力に関する項目やその位置づけが明らかになった。しかしながらここで更なるリサーチ・クエスチョンの検討が必要になると考えられる。す

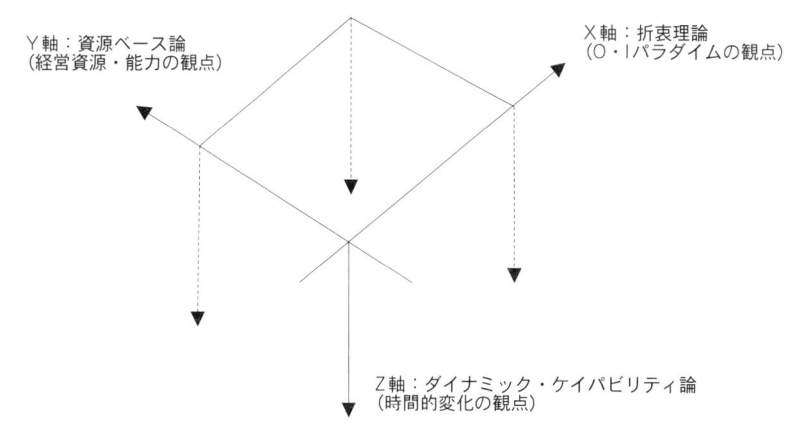

図 5-1　企業の国際化に関する競争優位の三次元的観点からの分析（概念図）

Y軸：資源ベース論
（経営資源・能力の観点）

X軸：折衷理論
（O・Iパラダイムの観点）

Z軸：ダイナミック・ケイパビリティ論
（時間的変化の観点）

（出所）　筆者作成。

なわち，物理的な組織（アジア地域本部や各国の拠点）の設置や実績・経験ある他社人材の有利な条件を提示しての雇用，保険商品の品ぞろえや販売チャネルやITシステム自体（ハードウェアの構築）などについては後発のライバル企業によっても比較的短期間にキャッチアップが可能と考えられるが，急速に変化するアジアの生保市場においての3社の持続的で競合企業による追随が困難な競争優位は何か，3社と他の外資生保企業との大きな違いは何かという点である。

　この命題を検討する上では，図 5-1 の概念図で示したようにこれまでの，X軸たる折衷理論とY軸たる資源ベース論という二次元での経営資源や組織能力の検討に加えて，Z軸として時間的な変化の視点を有するダイナミック・ケイパビリティ論の援用が有用と考えられる。

5.2.3　ダイナミック・ケイパビリティ論の観点からのアプローチ

　ダイナミック・ケイパビリティ論は，資源ベース論における議論の延長線上から派生したものであるが，その意義や重要点は以下のように要約できる。先ず資源ベース論の限界や弱点について，白石（2011, 43-45 ページ）

は，資源ベース論は，競争優位の源泉についての視点を企業のポジションから内的な要因へ向ける点で意義があったが，業界・製品特性や環境状態を考慮すると，資源を土台とする企業の競争優位が持続的となる場合とそれが該当しにくい場合があり，前者は製法や構造が特許により保護され，複雑なサプライチェーンによって製品が生産・販売され，ブランドの効力が長期にわたり存続する業界であり，後者は，コンセプトやアイディア主導の製品が市場で入手可能な資源によって生産されブランド・ロイヤリティが成立しにくい業界（資源の隔離メカニズムが働かず製品の模倣が容易な業界）や，さらに環境変化が激しい場合にも，ある特定の資源を土台とする競争優位は持続しないとし，このことはコア・コンピタンスについても該当し大きく変化する環境下では，コア・コンピタンスの戦略的な価値が持続しない，と述べている。

また諸上（2012, 36 ページ）も，資源ベース論では，変化の速いグローバル競争下でのビジネス環境ではその有用性は限定的で，その理由として，資源ベース論では企業が，稀少で価値ある模倣困難な資産，特にノウハウを所有した時点で競争優位が生じると想定しているが，そうしたビジネス環境で持続的競争優位を得るには，模倣困難な（知識）資産を所有する以上のことが必要になると述べている。

すなわち資源ベース論およびコア・コンピタンスに関する議論においては経営資源・組織能力やコア・コンピタンスを所有すればそれによって競争優位が存在するということで，時間的な変化や競争優位の時間的な持続性への視点が欠けているといえる。かかる観点を踏まえれば，企業が，競争優位形成につながる知識を継続的に創造し新製品や戦略等の知的アウトプットを連続的に形成する組織能力が重要であり，このような組織能力がダイナミック・ケイパビリティと呼ばれる（ティース他（Teece et al., 1997））。そこでは，既存の戦略論が急激に変化する環境の中で，特定の企業がなぜどの戦略論のパラダイムと特徴点をもってどのように競争優位の構築を行うのかとの疑問について明確に答えていないと批判する。企業の持続的な優位には独自のダイナミック・ケイパビリティが必要であるとし，そのダイナミック・

ケイパビリティとは，ティース他によれば，「急速に変化する環境に対応して内外のコンピタンスを統合，構築，再配置する企業の能力のこと」である。

ダイナミック・ケイパビリティの構成要素は，① 機会・脅威を感知・形成する能力（センシング），② 機会を活かす能力（シージング），③ 企業の有形・無形資産を向上させ，結合・保護し，必要時には再構成することで競争力を維持する能力（リコンフィギュリング）という3つの能力に分解される（諸上，2012, 36-37 ページ）。

ここで，生保事業の国際化に関するダイナミック・ケイパビリティの考察へと進む前に，生命保険とともに広義の金融サービス業に分類される銀行業に関わるダイナミック・ケイパビリティ論の観点からの先行研究を参考にすることとしたい。

長島（2009）は，銀行における各業務の中でも生保事業により近いと考えられるリテール銀行業の多国籍化（リテール分野）について分析し，成功を収めている金融機関（英 HSBC と米シティ・グループ）が有するダイナミック・ケイパビリティ（国・地域ごとに異なる法制度に適合した事業展開を成功させる能力で，業態を包括する組織・業務管理能力とする）として以下のような事項を挙げている。

① 外部から獲得した資源を自社内に有機的に取り込み進化させる経営能力等高度のオペレーショナル・ケイパビリティ（情報の価値化を目的とする業務活動の可視化，数値化・価値化された情報の知識化と活用を可能にする仕組み：シティバンクによる国際石油資本企業の戦略・管理手法を参考とした独自の海外進出手法，同社内でインターナショナル・スタッフ（IS：International Staff）と呼ばれる国際専門要員の配置が，価値化された外的情報の活用の仕組みの具体例であるとする）。

② 人的資源に関わるもの：自社による過去の市場参入・事業展開に関わる成功例と失敗例，要因の分析等自社固有の知識の蓄積と共有・活用，知識の循環を実現し将来の活動に結びつけるための既存の人的資源の見直しと組

織体制の変革，上記のインターナショナル・スタッフ（IS：シティ）やHSBCのインターナショナル・オフィサー（IO：International Officer）と呼ばれる国際専門要員の触媒としての重要な役割や，システム基盤を構築・調整し支えるITスタッフの位置づけの向上など。

③ 先進的な情報システム基盤：シティのMIS（Management Information System）が典型例，収益性や顧客情報，取引関連データのグローバルな共有と蓄積の充実，これは新商品・サービスの提供のベースとなり，HSBCグループによる無店舗展開モデルやインターネットバンキングサービスなどが事例として挙げられる。

④ 新規市場への参入や事業の拡張を目的とするクロス・ボーダーM&Aの実行と実行後の組織統合，その過程における組織学習に関わるオペレーション・ケイパビリティ：HSBCが典型例である。多国籍事業展開の成否を左右する重要な要素であり，買収実行時の財務・業務面の精査，組織統合段階およびそれ以降の現地企業への分権と持ち株会社による集中的な経営管理の巧みなバランスなどを含む。

以上の折衷理論・資源ベース論の観点からの経営資源と組織能力の検討，ダイナミック・ケイパビリティ論の論点やそれによる銀行業での先行研究を踏まえて外資生保企業のアジアにおける国際展開の成功要因としてのダイナミック・ケイパビリティについて以下の諸点を挙げたい。

① 先進国および新興国保険市場での経験・ノウハウ（成功・失敗）を次の展開に活かせる組織学習力。

② 上記を踏まえた保険市場の変化動向や海外市場での経営に関する理解力・洞察力，拠点間での知識（暗黙知を含む）の共有力，および新規または変化する環境下での行動力・対応力（特に政情や監督規制の変化への的確な対応能力やネガティブな環境変化時における耐久力[6]が重要と考えられる）。

---

6 1997—98年のアジア通貨・金融危機時にインドネシアから撤退したり，事業を縮小する外資生保企業が複数出る中，業容を拡大したプルデンシャルやマニュライフの事例は典型例であろう。

③　先進国および進出国の保険市場での監督官庁，業界関係者などの人脈や重要情報，関係性の保有と進出国市場における影響力の行使（各市場の発展・成長へのリーダーシップの発揮を含む）。
　④　アジア等海外市場での展開や保険経営における重要な各機能に通じた人材の育成・保有・活用能力。
　⑤　アジア地域本部・各国拠点等組織の設置・運営に関する能力（各拠点に対するコントロール・リーダーシップの発揮と重要な諸機能面での協力・支援のバランスを取れる能力を含む）。
　⑥　販売活動や有能な人材の獲得などの基盤となるブランド力・信用力。

　上記のとおり追随が困難で持続性が大きいと考えられるダイナミック・ケイパビリティたる競争優位は，単純な経営資源の短時日における獲得や保有ではなく，事業の経験と実績に基づいて蓄積された組織能力や手法，人脈力，ブランド・信用力，アジア域内のみならず世界各地の拠点の企業グループのネットワークを通じて得られる規模の利益や範囲の利益などであると考えられる。それらは，一朝一夕には構築できず模倣や代替が困難でより価値が大きいものと考えられる。この点に関し諸上は「グローバル経営において，ダイナミック・ケイパビリティが重要であることは疑う余地のないところである」とし，「グローバルレベルでのダイナミック・ケイパビリティの獲得は容易ではないであろう。だが，その重要性を認識し，それを組織能力として埋め込むことに成功した企業は長期的にその競争優位を持続させる可能性が増すと考えられる」としている（諸上（2012），37ページ）。
　かかる観点で，組織機構・人的資源や保険商品・販売網，ITシステムを例に挙げれば，ハードとしてのアジア地域本部の設立，好条件での有能な人材の獲得，本国や他の市場で販売好調な保険商品（自社および他社のもの）を導入したり，形の上で3社と同様のエージェント組織を模倣して構築したり，銀行との販売提携の契約を結んだりすること，最新のIT技術を導入することは競合他社にとっても可能であると考えられるが，地域本部や各拠点間の有機的な連携関係を推進したり，リーダー層を含む多国籍の有能な人材

を持続的に育成・活用したり，各地で実際に営業実績が挙がる商品として現地適応を図ったり，強い販売網を構築・保有して実際に大きな営業成績を挙げること，経営管理・販売・事務処理などにシステムを効果的に活用することは容易なことではなかろう。3社が時間とコストをかけて大きな基盤として作り上げたアジア地域本部・各拠点の有能な人的資源のプールや大規模でレベルの高いエージェント販売網の組織と人材力，有力な人脈，強いブランド力，アジア域内外の自社グループ拠点や社外も含めたネットワーク力などについては追随が難しい重要な競争優位であると考えられる[7]。

7　マニュライフのアジア地域本部のトップであるクック氏（当時）は「（同社は）アジアで豊富な経験，強固な関係を構築しており，それがベースとなって継続的な成長が可能になっている」と述べている（2012年5月8日付資料（MFC, 2012c）による）。

おわりに

　本書ではアジア生保市場の現状・変化動向とそこで成功を収めている欧米系の外資企業3社を例に挙げて，先ず，生保企業の国際化における優位たる経営資源や組織能力につき，生保事業の特性を踏まえて，企業の国際化理論の代表的な理論である折衷理論と経営戦略論における資源ベース論の双方の観点から分析を行った。加えて，急速に変化する市場における競争優位の持続性という観点でダイナミック・ケイパビリティ論の視点からの考察を併せることにより本質的な重要点の多くを抽出したと考える。

　本研究は，外資生保企業の国際事業展開における優位性について生保事業の特性を踏まえ経営理論に即しての詳細な分析を行った稀有な研究事例としての意義を有すると考えられる。

　また，本研究の成果の1つは，我が国の生保企業をはじめ後発の外資生保企業がアジアを含めた国際事業展開を行う際に重視・留意すべきポイントを指摘した点にもあると考えられる。

　すなわち，本邦の保険企業（グループ）によるアジア生保市場への進出の動きは近年加速化しているが，未だ市場のリーダーとしてのポジションを獲得している事例はなく，今後さらなる拡大が予想される各市場やアジア地域全体での戦略的な取り組みの重要性が増しているといえる。加えて，アジア地域の経済発展は，域内の保険企業の成長や，それら企業の域内他市場への進出を促しており，2015年末発足のアセアン経済共同体など域内市場が統合に向かう方向性もその大きな動因になっていると考えられる。アジア企業の域内他市場への進出という観点では，既に韓国・台湾等の有力企業の事例があるが，アセアン各国の有力生保企業の他市場への進出例も増えており，今後は中国企業による国外への展開が増加することも予想されている。これら企業にとって，本書で取り上げた3つの企業の戦略や行動は重要な示唆を

与えるものと思われる。

　今後の研究課題としては，先ず本書の視点・アプローチを進めてさらに詳細な分析を行い理論的に整理・精緻化することが挙げられる。その過程ではアジア地域以外の新興国市場等他の市場への進出についても同様の指摘が妥当なのかといった観点も重要となろう。

　また，短期的には，2010年に独自での株式上場を行いAIGグループから独立し，タッカーCEO以下多くのプルデンシャル経験者が経営を担っているAIAの事業の在り方の変化やプルデンシャルとの経営の同質化傾向の有無などを注視したいと考える。

　さらに，競争優位たる経営資源や組織能力をどうやって形成するのか，知やイノベーションも含む経営資源や組織能力を各拠点化でどうやって効果的に移転しグループとして効果的・効率的に活用するのかについての手法やプロセスの解明も必要である。同時に，本社，アジア地域本部も含む各拠点の権限や業務・機能の配分などのあり方に関する組織の観点からの考察も重要であると思われる。この点に関連し，バートレット＝ゴシャール（Bartlett and Ghoshal, 1989）は世界の各拠点に経営資源と能力が配分され，知識の開発・共有を含め各拠点が互いの能力を活用・連携しつつ，企業として統合して事業を推進する「トランスナショナル企業」の概念を提示したが，本書で考察した3社のアジア展開は既にその要素の多くを備えていると考えられ，かかる観点でのより深い分析も有用であると考えられる。この視点の延長線上として，「本社－アジア地域本部－各国拠点－エージェント等販売者－顧客」や進出国の政府などとの組織間関係やネットワークのあり方も重要な研究テーマになるものと考えられる。

参考文献

今井利絵（2008）「小売サービス業の国際展開」（江夏健一・大東和武司・藤澤武史編（2008）『サービス産業の国際展開』中央経済社，第 2 章所収）。
今西珠美・吉原英樹（2002）「非製造企業の国際経営」（吉原英樹編『国際経営への招待』有斐閣，第 13 章所収）。
伊藤博（2010）「中国保険業における対外開放政策の展開」『アジア研究』56（1・2），アジア政経学会, pp.56-7。
伊藤博（2015）『中国保険業における開放と改革—政策展開と企業経営』御茶の水書房。
上田和勇(1999)『東アジア生命保険市場』生命保険文化研究所。
片山ゆき（2012）「中国の生保会社—進む銀行との連携」『保険・年金フォーカス』ニッセイ基礎研究所, 2012 年 11 月 5 日。
川端基夫（2000）『小売業の海外進出と戦略』新評論。
河合忠彦（2004）『ダイナミック戦略論』有斐閣。
川本明人(1995)『多国籍銀行論』ミネルヴァ書房。
経済産業省（2008）『小売業の国際展開に関する調査報告書』。
経済産業省（2009）『グローバル・サービス研究会とりまとめ』。
経済産業省（2011）『通商白書』2011 年版。
佐藤憲正（2005）『国際経営論』学文社。
白石弘幸（2008）『経営学の系譜』中央経済社。
白石弘幸（2009）『現代企業の戦略スキーム』中央経済社。
関下稔・板木雅彦・中川涼司（2006）『サービス多国籍企業とアジア経済』ナカニシヤ出版。
谷口哲也(2012)「アジアにおける生命保険事業展開」日本保険学会『保険学雑誌』第 616 号。
デービス　ロス・矢作敏行編著（2000）『アジア発グローバル小売競争』日本経済新聞社。
東京海上ホールディングス（HD）（2012）『新中期経営計画　変革と実行 2014』2012 年 5 月。Retrieved 21 December, 2015, from http://www.tokiomarinehd.com
土井一生（2008）「サービスの国際化」（江夏健一・大東和武司・藤澤武史編(2008)『サービス産業の国際展開』中央経済社，第 1 章所収）。
長島芳枝（2009）『多国籍金融機関のリテール戦略』蒼天社出版。
中村久人（2006）『グローバル経営の理論と実態 改訂版』同文舘出版。
日本貿易振興機構（2009）『2009 年版ジェトロ貿易投資白書』。
日本保険学会（2012）「パネルディスカッション」同学会『保険学雑誌』第 616 号。
庭田範秋(1992)『保険経営学』有斐閣。
沼上幹（2009）『経営戦略の思考法』日本経済新聞社。

塗明憲（1983）『国際保険経営論』千倉書房．
野中郁次郎・紺野登（2012）『知識創造企業のプリンシプル』東洋経済新報社．
野村秀明（2012）「損害保険会社の海外事業展開」日本保険学会『保険学雑誌』第616号．
平賀富一（2013）「生命保険企業の国際事業展開に関する研究」『横浜国際社会科学研究』第17巻第6号．
平賀富一（2015a）「アジア生命保険市場の動向・変化と今後の展望」『基礎研レター』2015年7月21日．
平賀富一（2015b）「アジア地域で大きなプレゼンスを有する外資大手生保の経営・営業の特徴点は何か？」『基礎研レター』2015年11月17日．
松岡博（2012a）「米国　生命保険・個人年金の販売チャネル(1)」『保険・年金フォーカス』ニッセイ基礎研究所, 2012年10月29日．
松岡博（2012b）「英国　生命保険・個人年金の販売チャネル(2)」『保険・年金フォーカス』ニッセイ基礎研究所, 2012年11月12日．
向山雅夫・崔相鐵・山本時男（2009）『小売企業の国際展開』中央経済社．
茂垣広志（2006）『国際経営』学文社．
諸上茂登（2002）「国際マーケティング」（吉原英樹編『国際経営への招待』有斐閣, 第5章所収)．
諸上茂登（2012）「グローバル・マーケティングの研究パラダイムの変遷」（藤澤武史編著『グローバル・マーケティング・イノベーション』同文舘出版, 第2章所収)．
山倉健嗣（1993）『組織間関係』有斐閣．
山倉健嗣（2007）『新しい戦略マネジメント』同文舘出版．
山本崇雄（2008）「資源ベース論と国際ビジネス」（江夏健一・長谷川信次・長谷川礼編著）『国際ビジネス理論』中央経済社, 第12章所収)．
渡辺利夫（2010）『開発経済学（第3版）』東洋経済新報社．

AIA Group Limited (AIA) (2010), *Prospectus for IPO,* 18 November, 2010. Retrieved 21 December, 2015, from http://media.corporate-ir.net/media_files/IROL/23/238804/E_fullset.pdf.

AIA Group Limited (AIA) (2012a), *Annual Report 2011.* Retrieved 21 December, 2015, from http://www.aia/com/en/ 以下，AIA資料については同じ．

AIA Group Limited (AIA) (2012b), *DELIVERING QUALITY GROWTH* at 2011 Results Presentation, 24 February 2012.

AIA Group Limited (AIA) (2012c), *2011 Annual Results Analyst Briefing Presentation - Transcript,* 24 February 2012.

AIA Group Limited (AIA) (2012d), "AIA Acquires Leading Sri Lankan Insurance Company," 27 September, 2012.

AIA Group Limited (AIA) (2015a), *Annual Report 2011.*

AIA Group Limited (AIA) (2015b), *2014 Results Presentation on 26 February 2015.*

Akehurst, G. and N. Alexander (1995), *The Internationalization of Retailing*, Frank Cass.

Aliber, Robert Z.(1974), "Toward a Theory of International Banking," *Economic Reaction and Multinational Enterprise*, Cambridge.

AM. Best (2015), *BestWeek*, 5 January.

Barney, J.B.(2001), *Gaining and Sustaining Competitive Advantage (2nd Edition)*, Prentice Hall（岡田正大訳（2003）『企業戦略論』[上・中・下] ダイヤモンド社）.

Bartlett, C.A. and S. Ghoshal(1989), *Managing Across Borders: The Transnational Solution*, Harvard Business School Press（吉原英樹監訳（1990）『地球市場時代の企業戦略：トランスナショナル・マネジメントの構築』日本経済新聞社）.

Binder, S. and J. L. Ngai (2009), *Life Insurance in Asia*, John Wiley & Sons (Asia).

Boddewyn, J. J., M. B. Halbrich and A.C. Perry(1986), "Service Multinationals: Conceptualization, Measurement and Theory," *Journal of International Business Studies*, 17(3).

Buckley, P. J. and M. Casson (1976), *The Future of the Multinational Enterprise*, Macmillan（清水隆雄訳(1993)『多国籍企業の将来』文眞堂）.

Caves, R. E. (1971), "International Corporations: The Industrial Economics of Foreign Investment," *Economica*, February, pp.1-27.

Cho, K. R. (1985), *Multinational Banks: Their Identities and Determinants*, UMI Research Press.

Collis, D. J. and C. Montgomery (1998), *Corporate Strategy: A Resource Based Approach*, McGraw-Hill（根来龍之・蛭田啓・久保亮一訳（2004）『資源ベースの経営戦略論』東洋経済新報社）.

Dawson, J. A. (1994), "Internationalization of Retailing Operations," *Journal of Marketing Management*, Vol. 10.

Dunning, J. H. (1977), "Trade, Location of Economic Activity and MNE," in B. Ohlin et al. (eds.), *The International Allocation of Economic Activity*, McMillan, London.

Dunning, J. H. (1979), "Explaining Changing Patterns of International Production: In Defence of the Ecletic Theory," *Oxford Bulletin of Economics & Statistics*, Nov.

Dunning, J. H. (1989), "Multinational enterprises and the growth of services: some conceptual and theoretical issues," *The Service Industries Journal*, 9(1).

Ernst and Young (E&Y) (2009), *World Takaful Report 2009*.

Erramilli, M. K. (1990), "Entry mode choice in service industries," *International Marketing Review*, 7(5).

Erramilli, M. K. and C. P. Rao (1993), "Service Firms' International Entry-mode choice: A Modified Transaction-cost analysis approach," *Journal of

Marketing Review, Vol.38.
Hamel, G. and C. K. Prahalad (1994), *Competing for the Future*, Harvard Business School Press (一條和生訳 (1995)『コア・コンピタンス経営：大競争時代を勝ち抜く戦略』日本経済新聞社).
Heenan, D. A. and H. V. Perlmutter(1979), *Multinational Orgamzation Development*, Addison-Wesley Publishing Company, Inc. Chapter2. (江夏健一・奥村皓一監修 (1990)『グローバル組織開発』文眞堂).
Helfat, C. E., S. Finkelstein, W. Mitchel, M. A. Peteraf, H. Singh, D. J. Teece and S. G. Winter (2007), *Dynamic Capabilities: Understanding Strategic Change in Organizations*, Blackwell Publishers Limited (谷口和弘・蜂巣旭・川西章弘訳 (2010)『ダイナミック・ケイパビリティ 組織の戦略変化』勁草書房).
Holderness, A. and W. Tsang (2012), "Asia Pacific Overview 2009-2011," *Asia Insurance Review* (February 2012), Ins Communications.
Hymer, S. (1960), *The International Operations of National Firms: a Study of Direct Foreign Investment*, doctoral dissertation, MIT Press (pub. in 1976)(宮崎義一編訳 (1979)『多国籍企業論』岩波書店).
Hymer, S. (1970), "The Efficiency (Contradictions) of the Multinational Corporation," *American Economic Review*, May.
International Monetary Fund (IMF) (2015), *World Economic Outlook* (April 2015). 加えて各年データを参照した。
Jones, G. (1995), *The Evolution of International Business: An Introduction*, Business Press (桑原哲也・安室憲一・川辺信雄・榎本悟・梅野巨利訳(1998)『国際ビジネスの進化』有斐閣).
Kindleberger, C. P. (1969), *American Business Abroad: Six Lectures on Direct Investment*, Yale University Press.
Knickerbocker, F. T. (1973), *Oligopolistic Reaction and Multinational Enterprise*, Harvard University Press.
Li, J. and S. Guisinger(1992), "The globalization of service multinationals in the "triad" regions: Japan, Western Europe and North America," *Journal of International Business Studies*, 23(4).
Lovelock, C. H.(1983), "Classifying Services to Gain Strategic Marketing Insights," *Journal of Marketing*, Vol.47.
Lovelock, C. H. and G. S. Yip (1996), "Developing Global Strategies for Service Strategies," *California Management Review*, Vol.38, No.2 (Winter): pp.64-86.
Lovelock, C. H. and W. Lauren (1999), *Principles of Service Marketing and Management*, Prentice-Hall.
Manulife Financial Corporation (MFC) (2012a), *Annual Report 2011*. Retrieved 21 December, 2015, from http://www.manulife.com/ 以下、MFC資料については同じ。

参考文献　119

Manulife Financial Corporation (MFC) (2012b), *Manulife: Pursuing Sustainable Growth and Executing on Asian Strategy* at UBS Investor Conference, 8 May, 2012.

Manulife Financial Corporation (MFC) (2012c), *Manulife: Pursuing Sustainable Growth and Executing on Asian Strategy-Transcript* at UBS Investor Conference, 8 May, 2012.

Manulife Financial Corporation (MFC) (2012d), *Manulife Asia: Delivering Now... More to Come* at Asia Investor Day, 7 September, 2012.

Manulife Financial Corporation (MFC) (2012e), *EDITED TRANSCRIPT* at Asia Investor Day, 7 September, 2012.

Manulife Financial Corporation (MFC) (2015a), *Annual Report 2014*.

Manulife Financial Corporation (MFC) (2015b), *Fourth Quarter 2014 Financial &Operating Results*.

Manulife Financial Corporation (MFC) (2015c), *ANNUAL INFORMATION FORM* on March 20, 2015.

Manulife Financial Corporation (MFC) (2015d), *Investor Day* on May 11, 2015.

Mintzberg, H., B. Ahlstrand and J. Lampe (1998), *Strategy Safari: A Guided Tour through the Wilds of Strategic Management*, Free Press.

Munich Reinsurance Company (2015), *Insurance Market Outlook*. Retrieved 21 December, 2015, from http://www.munichre.com/

OECD (1999), *Insurance regulation and supervision in Asia*.

O'hara, M. (1983), "A Dynamic Theory of Banking Firm," *Journal of Finance*, XXXVIII No.1.

Pellegrini, L. (1994), "Alternatives for growth and internationalization in retailing," *The International Review of Retail, Distribution and Consumer Research*, 4(2).

Perchthold, G. and J. Sutton (2009), "The Changing Competitive Landscape in Asia," *Asia Insurance Review* (November 2009), Ins Communications.

Porter, M. E. (1985), *Competitive Advantage: Creating and Sustaining Superior Performance*, Free Press.

Porter, M. E. (1991), "Towards a Dynamic Theory of Strategy," *Strategic Management Journal*, 12 (Winter Special Issue).

Prahalad, C. K. and G. Hamel (1990), The Core Competence of the Corporation, *Harbard Business Review*, May-June.

Prudential Corporation Asia (PCA) (2004), *Seizing the Opportunity*, November, 2004. Retrieved 21 December, 2015, from http://www.prudential.co.uk 以下、Prudential 資料については同じ。

Prudential Corporation Asia (PCA) (2006a), *Prudential in Asia,* 1 December, 2006.

Prudential Corporation Asia (PCA) (2006b), *The Pru Story in Indonesia*.

Prudential Corporation Asia (PCA) (2011a), *Delivering Shareholder Value*, 16 November, 2011.
Prudential Corporation Asia (PCA) (2011b), *Consistent Delivery in Asia*, 16 November, 2011.
Prudential Corporation Asia (PCA) (2011c), *PCA Insurance*, 16 November, 2011.
Prudential Corporation Asia (PCA) (2011d), *Prudential Indonesia*, 16 November, 2011.
Prudential Plc (Prudential) (2009), "Prudential plc announces recruitment of third intake onto leadership development programme, Momentum," 14 December, 2009.
Prudential Plc (Prudential) (2010), *Prospectus for Right Issue*, 17 May, 2010.
Prudential Plc (Prudential) (2012a), *2011 Annual Report*.
Prudential Plc (Prudential) (2012b), *2011 Full Year Results, Delivering 'Growth and Cash'*, 13 March 2012.
Prudential Plc (Prudential) (2012c), *2011 Full Year Results-Transcript*, 13 March 2012.
Prudential Plc (Prudential) (2014a), *Prudential plc Investor Conference 2014 on 02 Dec 2014*.
Prudential Plc (Prudential) (2014b), *PT Prudential Life Assurance Business Review on 4 December, 2014*.
Prudential Plc (Prudential) (2015a), *2014 Annual Report*.
Prudential Plc (Prudential) (2015b), *2014 Full Year Results*.
Prudential Plc (Prudential) (2015c), *Prudential plc Form 20-F 2014*.
Reardon, J., M. K. Erramilli and D. Dsouza (1996), "International Expansion of Service Firms: Problems and Strategies," *Journal of Professional Services Marketing*, 15(1).
Rugman, A. M. (1980), "A New Theory of the Multinational Enterprise: Internationalization versus Internalization," *Columbia Journal of World Business*, Spring.
Rugman, A. M. and S. Girod (2003), "Retail Multinationals and Globalization: The Evidence is Regional," *European Management Journal*, 21(1).
Sanchez, R. and J. T. Mahoney (2001), "Modularity and Dynamic Capabilities," *Rethinking Strategy*, Sage Publications Ltd.
Sharma, V. M. and M. K. Erramilli (2004), "Resorce-Based Explanation of Entry Mode Choice," *Journal of Marketing Theory and Practice*, 12(1).
Stalk, G., P. Evans and L. E. Shulman (1992), "Competing on Capabilities: The New Rules of Corporate Strategy," *Harvard Business Review*, Mar-Apr.
Sumit, K. Kundu and Hemant Merchant (2008), "Service Multinationals," *Management International Review*, Vol.48.

Swiss Reinsurance Company, *Sigma* 各号.

Teece, D. J. (2007), "Explicating Dynamic Capabilities: The Nature and Micro foundations of Sustainable Enterprise Performance," *Strategic Management Journal*, Vol.28, No.13.

Teece, D. J., G. Pisano and A. Shuen (1997), "Dynamic Capabilities and Strategic Management," *Strategic Management Journal*, Vol.18, No.7.

Turner, M. and D. Alexander (2012), "Asia Pacific Mortality Protection Gap- The Time for Action Now," *Asia Insurance Review* (February 2012), Ins Communications.

Venzin, M., V. Kumar and J. Keine (2008), "Internationalization of Retail Banks; A Micro-Level Study of the Multinationality-Performance Relationship," *Management International Review*, 48(4).

Vernon, R. (1966), "International Investment and International Trade in the Product Cycle," *Quarterly Journal of Economics*, May.

Wernerfelt, B. (1984), "A Resource Based View of the Firm," *Strategic Management Journal*, 5(2), pp.171-180.

Yannopoulas, G. N. (1983), "The Growth of Transnational Banking," in Casson, M. et al., *The Growth of International Business*, Allen & Unwin.

上記に加え，日本経済新聞記事，Timetric 社・ブルームバーグのデータも参照した。

主要保険用語集

1. 保険料：一般事業会社の売上高に相当する。一般には掛け金などとも呼ばれる。そのうち，新規契約分を対象とする「新契約保険料」や，一時払（長期の契約につき加入時に一括して支払うもの）の 1/10 とそれ以外の平準払い（年払など）の金額を合算した「年払換算保険料」などの概念がある。
2. 生命保険の種類：
    (1) 定期保険：被保険者が死亡した場合，死亡保険金受取人に保険金が支払われる死亡保険の一種で，保険期間が一定の期間に定められている保険。子どもが独立するまでの保障など期間を限定して高額の保障が必要な場合などに適している。
    (2) 養老保険：死亡保険と生存保険を組み合わせた保険で，定められた期間内に被保険者が死亡した場合は死亡保険金が支払われ，定められた期間後被保険者が生存している場合には満期保険金が支払われる。
    (3) 終身保険：被保険者が死亡した場合に保険金が支払われる死亡保険の一種で，保険期間が被保険者の一生にわたっている保険。

    上記には配当金付の「有配当保険」（Participating: Par）と，配当金の仕組みがない「無配当保険」（Non-Participating : Non-Par）がある。
    (4) 投資型保険：資産運用の成績に応じて保険金額等が変動するもの。投資信託的な性格を有するユニット・リンク型保険や，変額保険が代表的なものである。
    (5) 健康・医療保険：疾病や傷害などのリスクを保障する保険。上記の基本的な保険の契約時に同時に契約する「特約」の形での契約も多い。
3. タカフル（イスラム保険）：イスラム金融における保険商品。本来イスラム金融において，通常の保険は，過剰な不明瞭性があること（マイシール），投機的な行為であること（ガラール），利息に類似する要素（リバー）を含むことなどからイスラム法であるシャリアに不適格と考えられてきた。そこで，相互扶助の概念に沿った，損害補填や相互扶助といった性質を持つタカフルが開発された。アジアではマレーシア，インドネシアなどで販売が増加している。
4. 再保険：ある保険企業が自己の引き受けた保険契約上の責任の一部または全部について，他の保険企業に保険を付けること。

索　引

欧文

AIA　49-59, 68, 69
ASEAN 経済共同体（AEC）　11
internalization advantage　91
Jackson National Life Insurance　21
location-specific advantages　91
M&A　88
M&G　21
Manulife Financial Corporation　35
ownership-specific advantages　90
Prudential Corporation Asia　21
Prudential UK　21
VRIO 分析　105

和文

【ア行】

アジア通貨・金融危機　7
アセアン（ASEAN）：東南アジア諸国連合　7
一般要因　82
イップ（Yip, G. S.）　93
ウエルナーフェルト（Wernerfelt, B.）　104
エージェント　29, 30, 86
エラミリ（Erramilli, M. K.）　93

【カ行】

ガイ（Ngai, J. L.）　84
外資規制　11
寡占反応論　90
カソン（Casson, M.）　90
川本明人　95
環境要因　82

企業主体要因　82
希少性（Rarity）　104
キンドルバーガー（Kindleberger, C. P.）　89
経済価値（Value）の創出　104
ケイブス（Caves, R. E.）　89
コア・コンピタンス（Core Competence）　105
国外要因（進出先の国の要因）　82
国際取引が可能なサービス　92
国内要因（企業の本拠国の要因）　82
ゴシャール（Ghoshal, S.）　114
コリス（Collis, D. J.）　104
混合サービス　92

【サ行】

サットン（Sutton, J.）　86
サービス業の国際化　92
サービス商品としての生命保険の特徴　98
サービスの特性　92
資源ベース論　104
資本移動論　89
情報を対象とするサービス　93
所有特殊の優位　90, 99
所有物を対象とするサービス　93
ジョン・ハンコック生命　35
人口動態の変化　11
人口ボーナス期　10
人的資源管理　32
推進・誘引効果　82
生産者と消費者の近接性　92
生産と消費の同時性　92
折衷理論（OLI パラダイム）　90
　　——のサービス業への適用　94
　　——の生命保険業への適用　99

先行者利益　69
組織構造（Organization）　105
ソフト・サービス　93

【タ行】

代替移転の不可能性　104
ダイナミック・ケイパビリティ論　107
ダイレクトセールス　87
ダイレクト・マーケティング（電話やインターネットによる販売や通販等）　14
タカフル（イスラム保険）　7, 29, 62
ダニング（Dunning, J. H.）　90, 92, 94
単独出資　73
地域本部　75
中間層　11
チョー（Cho, K. R.）　95
直接要因　82
ティース（Teece, D. J.）　108
伝統的な生保商品　14
特定疾病保障商品　14
独立代理店　87
ドーソン（Dawson, J. A.）　96
トランスナショナル企業　114

【ナ行】

内部化優位　91, 100
内部化理論　90
長島芳枝　109
ニーズ（NIES）：新興工業経済地域　6
ニッカーボッカー（Knickerbocker, F. T.）　90
塗明憲　81
年払換算新規契約保険料（APE）　28

【ハ行】

ハイマー（Hymer, S.）　89
ハイマー＝キンドルバーガー命題　89
バクレー（Buckley, P. J.）　90
パーチホルド（Perchhold, G.）　86
ハード・サービス　93

バートレット（Bartlett, C. A.）　114
バーニー（Barney, J. B.）　104
バーノン（Vernon, R.）　90
ハメル（Hamel, G.）　105
ハルブリッチ（Halbrich, M. B.）　92
バンカシュアランス（銀行による保険販売）　14, 86
非貯蔵性　92
人を対象にするサービス　93
ビンダー（Binder, S.）　84
富裕層　11
プラハラード（Prahalad, C. K.）　105
ブランド力　32, 47, 56
プルデンシャル　20-35, 59, 69
ブローカー　87
プロダクトサイクルモデル　90
ペリー（Perry, A. C.）　92
保険商品面の変化　13
保険販売網の変化　14
ボドウィン（Boddewyn, J. J.）　92

【マ行】

マイクロ・インシュアランス　14
マニュライフ　35-49, 59, 69
無形性　92
無配当生保商品（定期保険・養老保険・終身保険）　29
メジャー出資　73
模倣困難性（In-imitability）　104
モンゴメリー（Montgomery, C.）　104

【ヤ行】

ヤノポーラス（Yannopoulas, G. N.）　96
優位性　89
有能な人的資源の保有・活用　76
有配当商品　29
輸送不可能性　92
ユニット・リンク型商品　14
ユニット・リンク保険　29

ユニバーサル型商品　14
抑制・抑止効果　82

【ラ行】

ラグマン（Rugman, A. M.）　90

ラブロック（Lovelock, C. H.）　93
リソース・ベースト・ビュー　104
立地制約的なサービス　92
立地特殊的優位　91, 99

著者略歴

平賀　富一（ひらが・とみかず）

現職：株式会社ニッセイ基礎研究所 主席研究員 アジア部長

1979年東京大学経済学部卒。東京海上火災保険（現東京海上日動火災）入社，外務省（経済協力局），（財）国際金融情報センター（欧州部長・アジア大洋州部長），（株）日本格付研究所（国際格付部長兼チーフアナリスト）等を経て，2009年4月より現職場，2014年7月より現職。

博士（経営学：横浜国立大学），修士（法学：筑波大学），修士（国際経営学：青山学院大学），ハーバード・ビジネス・スクールTGMP修了。

東洋大学大学院経営学研究科・経営学部および上智大学総合グローバル学部非常勤講師。貿易研修センター・アジア研究会委員，早稲田大学トランスナショナルHRM研究所招聘研究員。国際ビジネス研究学会（幹事），組織学会，アジア政経学会，中国経済経営学会，国際企業法学会，中央ユーラシア調査会等会員。

（主著・論文等）

『新多国籍企業経営管理論』（分担執筆）文眞堂，2015年。

『アジアにおける市場性と産業競争力』（分担執筆）日本評論社，2013年。

「アセアン企業の国際展開―アセアン諸国の投資動向とタイの有力企業の事例を中心として」『ニッセイ基礎研レポート』2015年9月15日。

「高度外国人材」の獲得・活用へ向けての提言―シンガポール等の先進事例を踏まえたマーケティング視点からの考察『ニッセイ基礎研レポート』2014年11月。

「金融機関によるグローバル人材育成　三井住友銀行の取り組み事例も踏まえて」『金融財政ビジネス』時事通信社，2014年6月12日。

「アジアの有力企業の国際事業展開とグローバル人材の育成について―タイ・サイアムセメントグループの事例」『ニッセイ基礎研レポート』2013年11月17日。

生命保険企業のグローバル経営戦略
―欧米系有力企業のアジア事業展開を中心として―

2016 年 3 月 30 日　第 1 版第 1 刷発行　　　　　　　検印省略

著　者　　平　賀　富　一

発行者　　前　野　　　隆

発行所　　株式会社　文　眞　堂
東京都新宿区早稲田鶴巻町 533
電話 03（3202）8480
FAX 03（3203）2638
http://www.bunshin-do.co.jp
郵便番号 162-0041　振替00120-2-96437

印刷・モリモト印刷　製本・イマキ製本所
© 2016
定価はカバー裏に表示してあります
ISBN978-4-8309-4882-4　C3034